はじめに

タイムマネジメントはセルフマネジメント！

自分の価値観に沿った時間の使い方をすることが重要です。

忙しくても満足度の高い時間を過ごすために

私はタイムマネジメント・コーチングを通して約17年の間、ビジネスパーソンと関わってきました。

「コーチング」とは、コミュニケーションによって気づきやアイデアを引き出し、行動につなげる人材育成の手法です。

そして、マンツーマンで時間についてのコーチングを行う中で、様々な時間に関する悩みを見てきました。

動けない

く、仕事時間が長い

ップの勉強がしたいのにない

ベートの時間がない

に加えて、コロナ禍の影響かモートワークになったことで自分のスケジュールがうまく管理できない」、また、家で過ごすプライベートな時間が増えたことで「ワークライフバランスを含めて、自分の生き方について考えたい」という相談が多くなりました。

忙しい毎日に流されていると、「気がついたら、いつの間にか夜になっていた」「やりたいと思っていたことを、やらないまま何か月も経ってしまった」ということもあるでしょう。

私自身、会社員時代は月に100時間を超える残業をし、家には寝に帰るだけ、という生活をしていたこともあります。当時は生活を回すことで精一杯で、将来のためのスキルアップなんて考える余裕もなかったのを覚えています。

行動するときに気持ちがついてこないと、実行や継続は厳しいものです。だからこそ、**自分の価値観に沿った時間の使い方をすることが重要**です。自分の価値観に基づいた時間の使い方であれば、**たとえ忙しくても満足度の高い時間を過ごすことができる**でしょう。

自分だけのタイムマネジメントを構築しよう

タイムマネジメントは、セルフマネジメントです。

自分の頭で納得できる時間の使い方に変えると、自分の動き方や成果、心、体など、様々なものが変わります。やるべきことが明確になれば自ら動けますし、良い行動が続くと良い習慣となり、自分に自信が生まれます。

そして何よりも、**心に余裕ができます。**

「時間のゆとりは心のゆとり」です。やることに追い立てられるストレスが減り、自分のやりたいことができて心が満たされると、人にも優しくできます。

タイムマネジメントに万能薬はありませんが、**時間の使い方にはコツがあります。**自分だけのタイムマネジメントを構築すべく、いろいろと試していただければと思います。

本書では、ビジネスの場でもプライベートでも使える、**忙しさによる焦りなどから解放されるためのテクニックや時間の質の上げ方、自分の動かし方、後悔しないための時間の使い方**などを、思考、環境、スケジューリング、メンタルといった切り口で紹介しています。

項目は、わかりやすく対比の言葉で示していますが、すべての場合において「追われる」状態が悪いとは考えていません。あくまでご自身の状況における伸びしろのヒントとして、必要なものをご活用いただければ嬉しく思います。

滝井いづみ

図解 時間を「うまく使う人」と「追われる人」の習慣

CONTENTS

CHAPTER 3 ムダとり・時短編

CHAPTER 4 効率アップ編

● カバーデザイン／菊池 祐　● 本文デザイン・DTP／斎藤 充（クロロス）
● 編集協力／斎藤 充（クロロス）、斎藤菜穂子

CHAPTER 1

思考編

The Power of Habits will Change Your Life.

The Method of Get Control of Your Time and Life
-38 Habits of Improving Your Life

01

時間をうまく使う人は

全体の時間でとらえ、

追われる人は

仕事時間だけを考える。

視野を広く持ち、物事を俯瞰してとらえる

仕事時間を効率化したいと思ったとき、まず何をしますか？　仕事時間の中だけで、やりくりしようとしていないでしょうか？

残業時間を減らすために、作業のスピードアップに力を注ぐ人は多いですが、スピードアップは対症療法ですから、根本的な解決には至りません。何より、常にハイスピードで作業をし続けることはできません。

時間をうまく使う人は、**視野を広く持ち、物事を俯瞰《ふかん》してとらえ、環境や自分の中の問題を踏まえて考えます。**

一般的に**「俯瞰する」**とは、**鳥のように上から広く物事を見ること**をいいます。昔の武将が地形図を見ながら戦術を立てたように、高いところから見ると全体を見渡して大局的に考えることができます。

「時間を俯瞰する」とは、仕事時間を効率化するという目的であれば、**仕事時間だけにフォーカスせず、プライベートの時間も含め24時間全体で考えること**です。仕事時間もプライベートの時間も、ひとつながりの

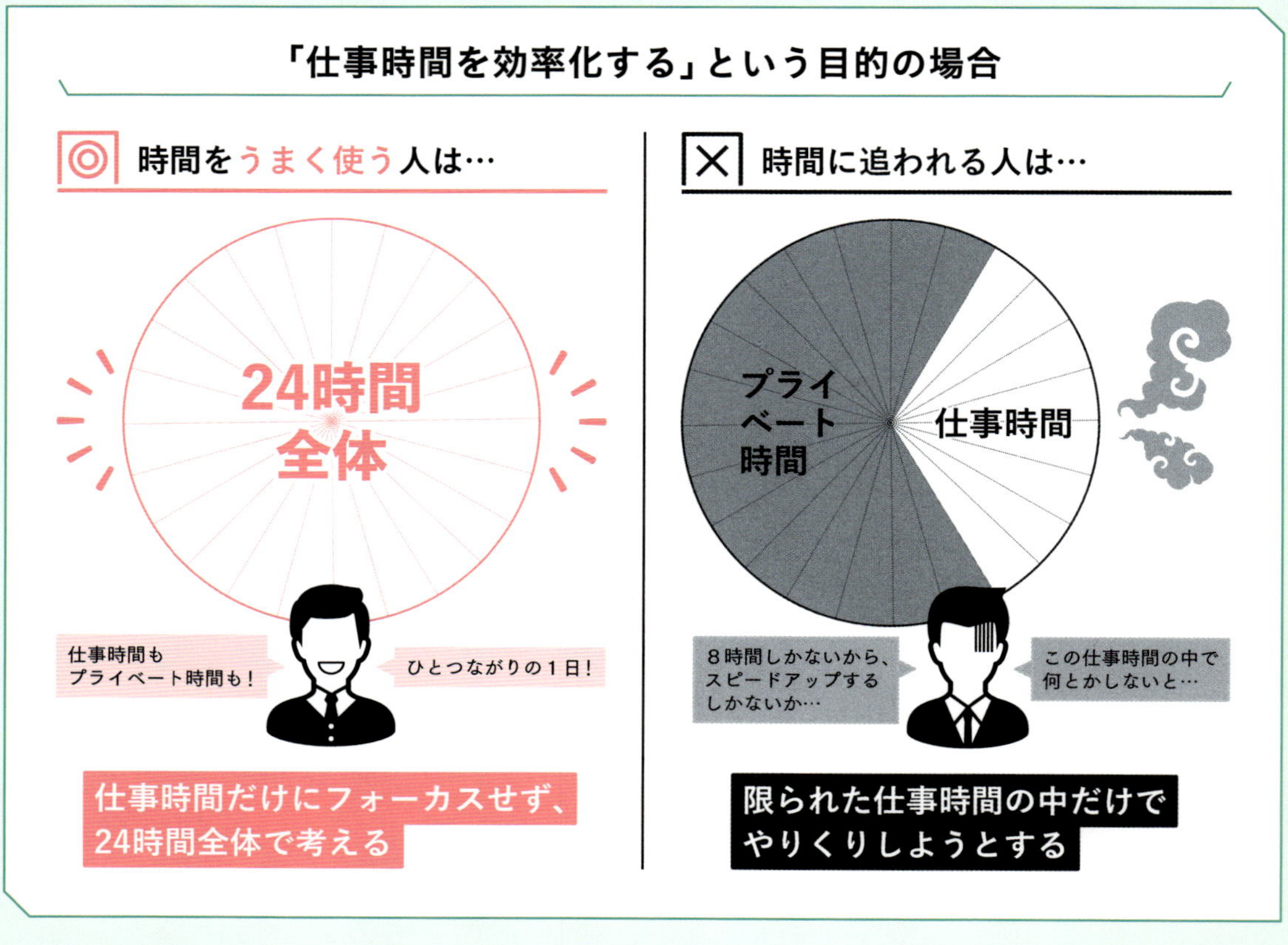

俯瞰するときは、「鳥の目」に加えて「虫の目」も必要

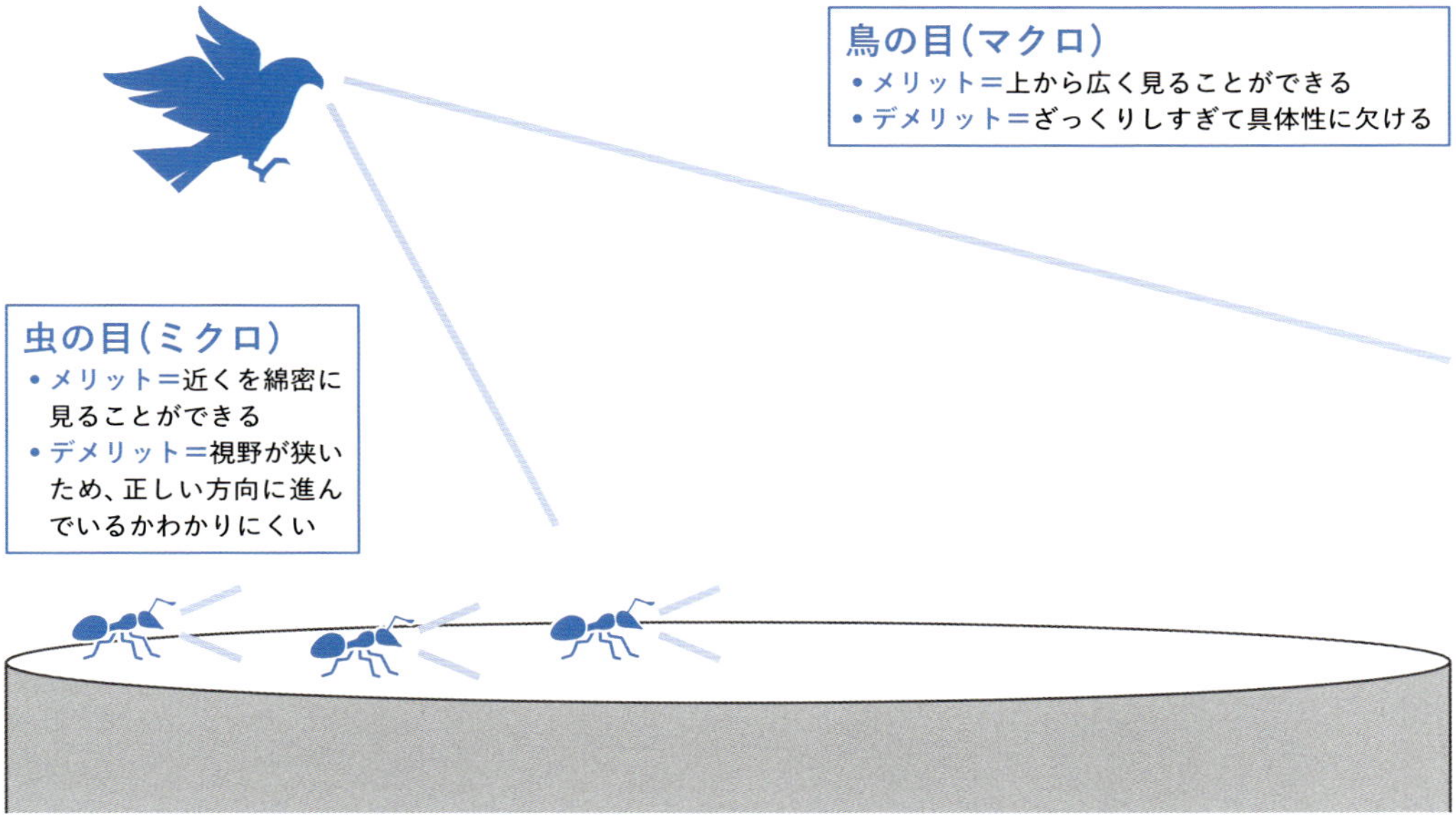
鳥の目（マクロ）
•メリット＝上から広く見ることができる
•デメリット＝ざっくりしすぎて具体性に欠ける
虫の目（ミクロ）
•メリット＝近くを綿密に見ることができる
•デメリット＝視野が狭いため、正しい方向に進んでいるかわかりにくい

鳥の目と虫の目の両方を使えば、「広く、綿密に」とらえることができる

1日です。8時間の仕事時間の中だけではなく、24時間全体で考えた方が、いろいろな手が考えられます。

たとえば、あるクライアントは仕事が忙しく、時間がないことに悩んでいました。そこで、1日の時間の使い方を記録してみると、夜に動画を長時間見て、睡眠時間まで減らしていたのです。自分が好きなことをする時間も大切ですが、行きすぎれば体調や集中力に悪影響を与えることもあります。それが原因で仕事の効率が下がり、「時間がない」状態になっていることも考えられます。

この場合なら、体調や集中力を高めるために、「十分な睡眠時間を取る」「早めに出社して、より集中しやすい朝の時間に作業し、残業せず帰る」といった行動が必要でしょう。

広く見る鳥の目と、近くを綿密に見る虫の目

このように、「仕事のスピードを上げる」などと仕事時間の中だけで考えるのではなく、全体の時間を俯瞰して見直すことで、「時間がない」そもそもの原因や効果的な対応策を考えられることもあります。また、1日ではなく1週間単位などで考えると、とれる対策の幅が広がります。

全体の時間でとらえることには、次のようなメリットがあります。

- **全体の構造が見えて、幅広い選択肢を持てる**
- **課題の本質に沿って、最適な行動を選べる**
- **自分が目的に沿って動けているのかを客観的に把握できる**
- **仕事の取りこぼしを防げる**

その課題の本質を押さえておくと、目的に沿った行動がとりやすくなります。たとえば「転職をするか／しないか」で悩んでいたとして、視点を変え、そもそも収入を増やすのが目的だと気づけば、「副業をする」という別の選択肢も見えてきます。

俯瞰することを鳥瞰とも言いますが、**広く見る鳥の目（マクロ）**に加えて、**近くを綿密に見る虫の目（ミクロ）**も必要です。マクロだけではざっくりしすぎて具体性に欠け、ミクロだけでは視野が狭く、正しい方向に進んでいるかわかりません。

仕事時間を考えるときも、**鳥の目と虫の目の両方を使い、1日・1週間など全体の時間を踏まえて考えること**が重要です。

02

時間をうまく使う人は

自分で行動を決め、

追われる人は

やらされ感で行動する。

受け身ではなく、主体的に自らの判断で行動する

◎ 時間をうまく使う人は…

よーし、3つとも
順調に進んでいるな！
スイスイ
進む〜♪
企画書
作成
予算案
提出
発注書
作成

自らの判断で行動するので、
思い通りに進められる

✕ 時間に追われる人は…

A社への
企画書はまだ!?
予算案が
未提出です！
早く発注しないと
間に合わないよ！
ああ…、
すみません…

やらされ感で行動するので、
周りに翻弄されてしまう

自分で計画を立て、主体的に行動する

あなたは、「時間に流されている」と感じることがありませんか？

締め切りが連続していて、考える間もなく急かされるように次のタスクに飛び移り、また走りながら頭では次のタスクを考える……。心が浮ついて、地に足が着いていないように感じることでしょう。

こういったときは、**時間の自由度やコントロール感が低い傾向**にあります。そのせいか、「どうせ計画通りにいかない」と、自分のスケジュールを考えることをはじめから放棄してしまう人がいます。

しかし、そのまま無策かつ無抵抗に流されていたら、まるで行き先のわからないミステリーツアーのようなものです。自分の将来の行く末もわからなくなり、さらに不安を煽られることになってしまいます。

「ポジティブ心理学」の研究者、カリフォルニア大学のソニア・リュボミアスキー教授によると、幸福を決定する要因は、「環境要因10％＋遺伝による設定値50％＋意図的な行動40％」だそうです。

「意図的な行動」とは、**他者に言われて受け身で行うのではなく、主体的に自らの判断で行動すること**です。

たとえば子どもの頃、親に「部屋を掃除しなさい！」と言われるとはかどらなかったのに、自分から部屋を片づけると、気分が乗って集中できた経験はありませんか？

誰かに言われてやるよりも、自発的にやった方が気分良く、そしてうまくできます。**人は基本的に、行動を自分で選び、自分が思うように動きたいもの**なのです。

時間の使い方も同じです。自ら考えて「これをやろう」と決めることが大切です。まずは自分の時間のオーナーシップを持ち、行動を考えていくことから始めます。

40年連載が続いた国民的マンガ『こち亀』の作者、秋本治さんは、「時間を切り詰めるコツはスケジュールを自分で決めること」だと言っています。自分でスケジュールを決めることで、連載以外の作品を描くための時間を持つことができ、月に1回くらいは凝った話が描けたそうです。

スケジュールを他人任せにせず、自分で主導権を持つことで、やりたいことのために時間を生み出すこともできるのです。

自分だけのための時間をつくってみる

仕事以外の自分の時間は、自由にコントロールできるはずなのですが、その時間も意図を持って行動できていない場合があります。

24時間のうち、仕事時間を8時間とすると、プライベート時間は16時間です。あなたは、その中で少しでも自分のための意図的な行動ができていますか？　私は夕食をつくった後に、短いランニングをしたりピアノを弾いたりする時間を、寝る前にはスケジュール確認の時間を持つようにしています。

睡眠や家事などの生存・生活時間以外に、**1日15分だけでも、自分だけのための時間をつくってみてください。**日々の満足度が変わります。

船酔いしたときに吐き気を止めるコツは、水平線に注意を集中させることと、自分が乗り物を動かす張本人になることだとか。

スケジュールも、自分でハンドルを握ってコントロール感を持つことが大切です。

短くてもいいので、自分だけのための時間をつくろう
1日24時間のうち、仕事時間を8時間とすると、プライベート時間は16時間
16時間
そのうち15分だけでも、自分だけのための時間をつくる
短いランニングをする
3曲だけピアノを弾く
少しだけ書道をする
とても爽快な1日だった！
とても気持ちいい1日だった！
とても充実した1日だった！
たった15分の自分だけのための時間で、日々の満足度が変わる！

03

時間をうまく使う人は
見通しを立ててから動き、

追われる人は
思いつきで動く。

思いつきで行動すると、本来の目的が後ろ倒しに

「計画に縛られるのが嫌だから計画を立てない」という人がいます。

計画を立てると、自分の好きなことを、やりたいタイミングで行う自由を奪われてしまう気がするようです。しかし、思いつきで動いていると、他人に踊らされたり、時間に流されることになりかねません。

ひらめいたことや思いついたことを自由に実行に移すのは気持ちが良いものです。たとえば、インターネットで単語の意味を調べていたら、語源まで調べたくなったというように、本筋から逸れる道草をしたくなったことはありませんか？

思いつきを行動に移すのは気分が良く、欲求は満たされます。しかし、時間の使い方で考えると、やるべきことを後ろ倒しにして、突発的に思いついた作業を割り込ませていることになります。

思いつきの作業を割り込ませていると、本来自分のすべき仕事が進みません。仕事の完了が後ろにずれ込み、重要な仕事の締め切りに間に合わなくなる可能性もあります。

思いつきを行動に移してはいけない

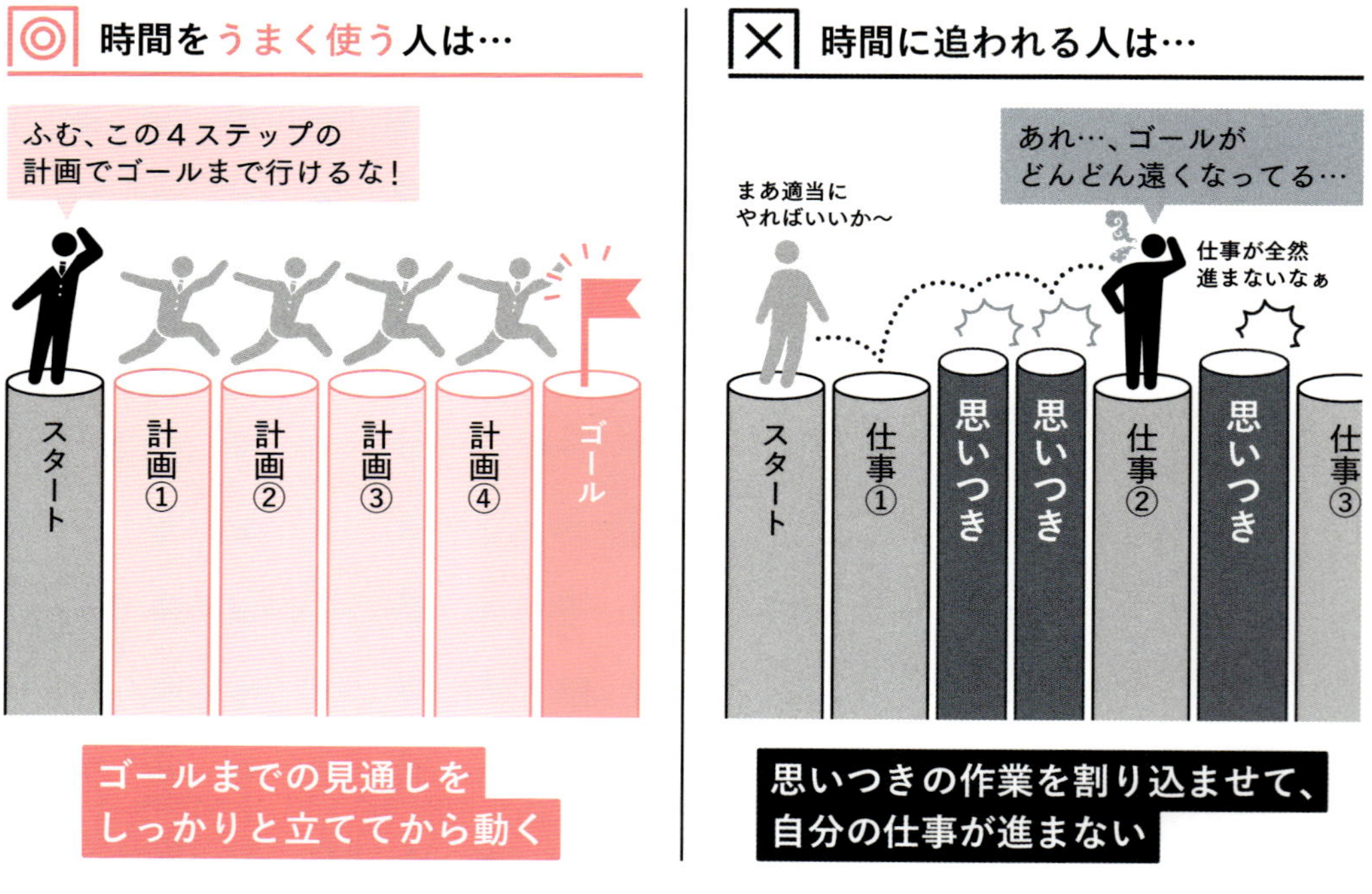

◎ 時間をうまく使う人は…
ふむ、この4ステップの計画でゴールまで行けるな！
スタート
計画①
計画②
計画③
計画④
ゴール
ゴールまでの見通しをしっかりと立ててから動く
× 時間に追われる人は…
まあ適当にやればいいか〜
あれ…、ゴールがどんどん遠くなってる…
仕事が全然進まないなぁ
スタート
仕事①
思いつき
思いつき
仕事②
思いつき
仕事③
思いつきの作業を割り込ませて、自分の仕事が進まない

人間の脳には２つの思考モードがある

① ファスト思考

直感的、無意識

短期的、利己的な判断をする

○＝素早く対応できる
×＝思いつきでやってしまう

② スロー思考

論理的思考

長期的、理性的な判断をする

○＝見通しを立てて考えられる
×＝脳の負荷が高く、疲れる

ファスト思考もスロー思考も役目があるので、使い分けるとよい

思いつきで行動しないで、スロー思考で考える

なぜ、私たちは深く考えることなく、思いついたことをやってしまうのでしょうか？

ノーベル経済学賞受賞者のダニエル・カーネマンは、著書『ファスト&スロー』の中で、人間の脳には「システム1」「システム2」と呼ばれる思考モードがあると述べています。

システム1は、素早く対応するための思考で、短期的、利己的な判断（ファスト思考）をします。一方、システム2はじっくり考える思考で、長期的、理性的な判断（スロー思考）をします。

論理的思考を行うシステム2のスロー思考は、脳の負荷が高いので、普段はシステム1のファスト思考で直感的、無意識に認知、判断されています。今までの経験則で直感的に判断することで、考える労力を節約できるのです。

それぞれに役目があるので、どちらが良い・悪いということはありませんが、使われ方によっては好ましくないこともあります。

日常での「思いつき」は、あまり考えずに、ファスト思考で判断されたものである可能性が高いのです。

アメリカの心理学者のエドワード・デシとリチャード・ライアンは、人間の根本的欲求は「自主性」「有能感」「関係性」の3つだとしています。

「自主性」は、行動を自分で選びたいという欲求です。人間の根本的な欲求ですから、突然、思いついたことであってもやりたいと思うのは仕方がないのかもしれません。

しかし、時間をうまく使う人は、**思いついたことがあっても、そのまますぐに行動しません。**仕事の見通しを立てているので、**その計画との兼ね合いを考えて判断します。**

そして、考えた上でも行いたいこと・必要なことであれば計画に組み込むのです。

時間を使う上で、**思いつきを実行する時間は、本来予定されていた時間と引き換えになっています。**「今、それをやるのとどちらが大切か？　後でやるなら、いつやるか？」ということを一度考えてから行動したいものです。

まずはしっかりした見通しを持って計画を立ててこそ、自主的に行動することができるのです。

04

時間をうまく使う人は
ロングスパンで考え、

追われる人は
ショートスパンで考える。

「資格取得」を目指す際に、どちらを選ぶか？

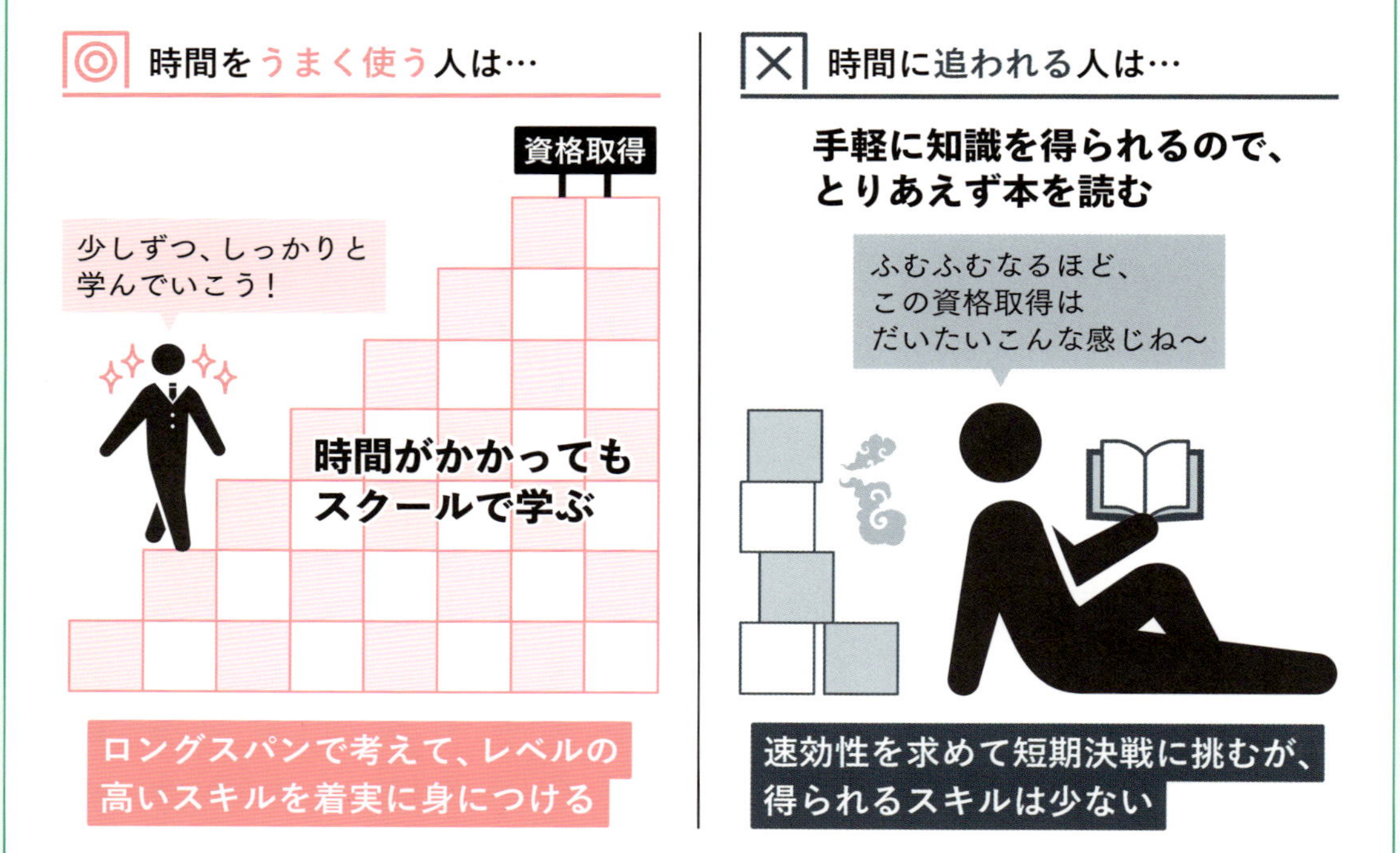

◎ 時間をうまく使う人は…
資格取得
少しずつ、しっかりと
学んでいこう！
時間がかかっても
スクールで学ぶ
ロングスパンで考えて、レベルの
高いスキルを着実に身につける
✕ 時間に追われる人は…
手軽に知識を得られるので、
とりあえず本を読む
ふむふむなるほど、
この資格取得は
だいたいこんな感じね～
速効性を求めて短期決戦に挑むが、
得られるスキルは少ない

ショートターミズムだと得られるものは小さい

あなたは、時間の使い方をどのくらいのスパンで考えていますか？

時間の使い方に悩みを抱える人で、数年後の目標を語れる人は少数です。

あるクライアントは、資格を取るために何十冊もの本を読んで勉強をしようとしていました。**時間の使い方に悩みを持つ人は、速効性を重視し、短期決戦をしたがります。**

スキル習得を目指す人は、目標達成の手段として「本を読む」「スクールに行く」の2つの選択肢を挙げますが、たいてい選ばれるのは「本を読む」です。本を読めば、手軽に知識を得られます。インターネット上で得られる浅い知識よりも専門的で、体系立てられ、複数の人の目が入っていることから信頼度も高いです。

一方、スクールで学ぶことは時間がかかるものの、同じく専門知識を習得でき、かつ実践とフォローまでプログラムされているので、身につく確率はこちらの方が高いです。

本気で何かのスキルを身につけたいと思ったとき、あなたはどちらを選びますか？

医学書を読んで、医者になれる人はいません。その分野の知識を少しかじるレベルでいいのであれば、もちろん本を読むだけで構いませんが、目指すレベルが高ければ高いほど、差し出すものも大きくなります。

状況にもよりますが、時間はかかってもスクールで学んだ方が、成功につながります。

このように、時間の使い方を考えるとき、**短期志向で動いてしまうと、得られるものも小さくなる**のです。

ロングスパンで考えて、時間を味方につける

また、やるべきことを1日に詰め込むのも、良い手ではありません。1日でできることなど、たかが知れています。

時間をうまく使う人は、**成果をロングスパンでとらえます。時間の使い方を1週間単位で考える**ことで、やることを分散し、まとまった時間を取りやすくしています。

提案書の作成であれば、アイデア出し・情報収集・文章作成・再確認といった作業を分けて行えば、1回あたりの時間は短くなり、負担も少なくて済みます。**成果を1週間単位で得られるように設定する**のです。

ロングスパンで考えると、**時間の長さが心強い味方になる**メリットもあります。細く長く続けることは遠回りに見えますが、負担が小さいほど続きやすく、**日常の活動と並行してコツコツ続けることで、将来的に何らかの成果につながる可能性が高い**です。

今の自分は5年前の結果、5年後の自分は今の結果です。時間の使い方をロングスパンでとらえることで時間を味方につけて、将来こうありたいという姿に近づいていくことができるのです。

とはいえ、時間がない状況では、ロングスパンで考え、行動することが難しくなってしまいます。ですから私は、3か月以上の長期のスケジュールを組み、前倒しで取りかかるようにしています。

聖路加国際病院の元理事長でいらした日野原重明さんは、**「時間の使い方は、命の使い方」**と言っています。毎日の積み重ねが人生であるなら、日々の時間の満足度を上げることも、後悔しない命の使い方につながるのではないでしょうか。

たとえば、成果を1週間単位でとらえて、作業を分割すると……

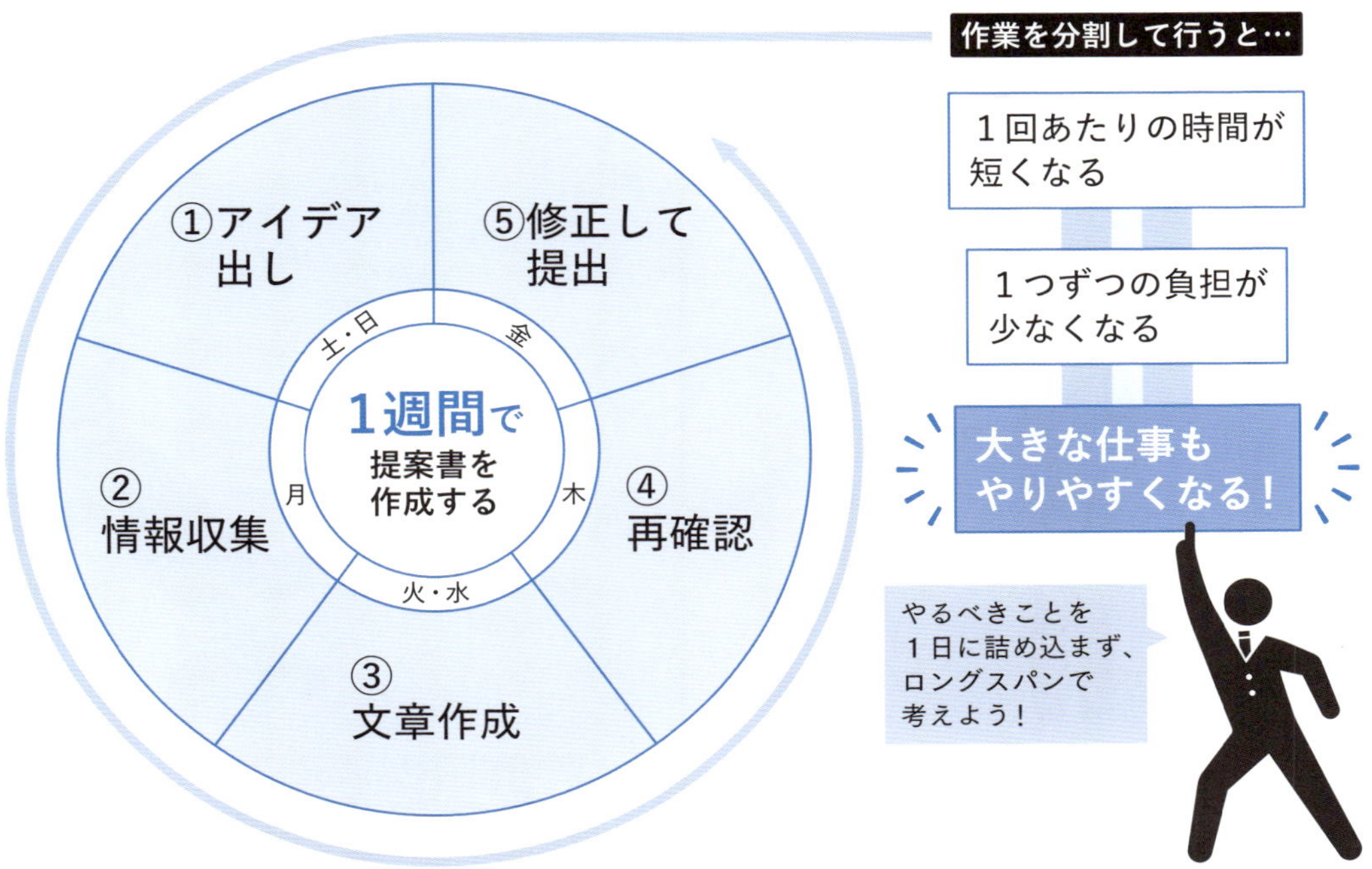
①アイデア出し
②情報収集
③文章作成
④再確認
⑤修正して提出
土・日
月
火・水
木
金
1週間で
提案書を作成する
作業を分割して行うと…
1回あたりの時間が短くなる
1つずつの負担が少なくなる
大きな仕事もやりやすくなる！
やるべきことを1日に詰め込まず、ロングスパンで考えよう！

05

時間をうまく使う人は

振り返りを活用し、

追われる人は

振り返りをしない。

経験したことを振り返り、学びに変える

時間がないときや気が急いているときは、自分の行動を振り返って内省することはあまりありません。

私も、時間内に多くのことをやろうとスピード全開で動き、先のことばかり見ていた時期がありました。要領やスピードは悪くなかったと思いますが、その経験が自分の糧になったかは自信がなく、今振り返ると、もったいないなと思います。

時間をうまく使う人は、経験を「面白かった」「大変だった」「できなかった」などと、**ただの感想で終わらせず、そこから学びを得て次の行動に活かします。**

経験から学びを得るために役立つ理論に、デイビッド・コルブが提唱した「経験学習モデル」があります。経験学習モデルでは、次の4つのステップで振り返りを行います。

- **具体的経験** (Concrete Experiences)
  ／その経験で起きたこと、どう対処したかなど、経験を振り返る
- **省察観察** (Reflective Observation)
  ／多様な観点から内省する
- **抽象的概念化** (Abstract Conceptuali

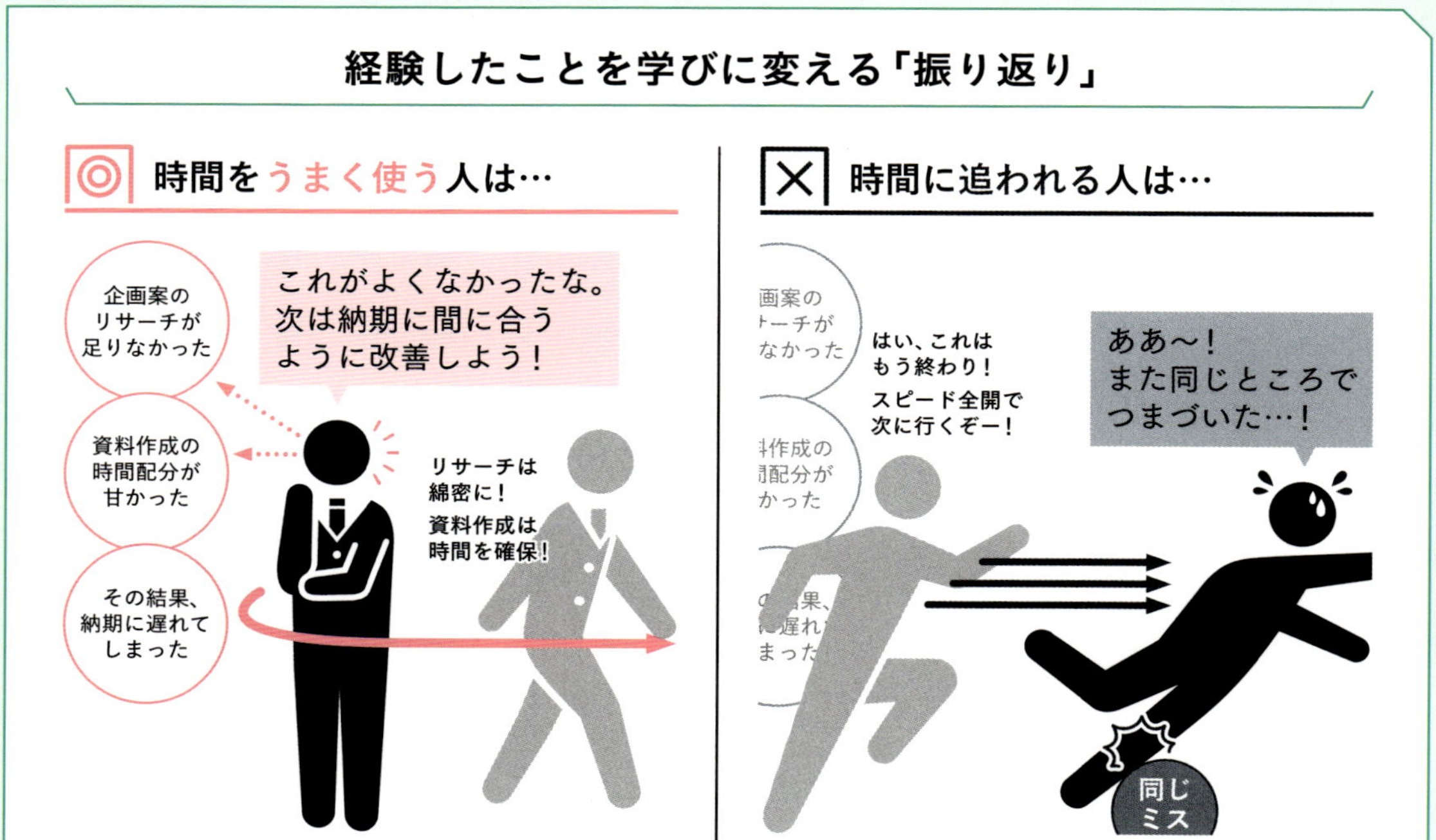

経験したことを学びに変える「振り返り」
時間をうまく使う人は…
企画案のリサーチが足りなかった
資料作成の時間配分が甘かった
その結果、納期に遅れてしまった
これがよくなかったな。次は納期に間に合うように改善しよう！
リサーチは綿密に！
資料作成は時間を確保！
経験をしっかりと振り返り、学びを得て次の行動に活かす
時間に追われる人は…
はい、これはもう終わり！
スピード全開で次に行くぞー！
ああ～！また同じところでつまづいた…！
同じミス
振り返らないので、反省点などに気づけないまま

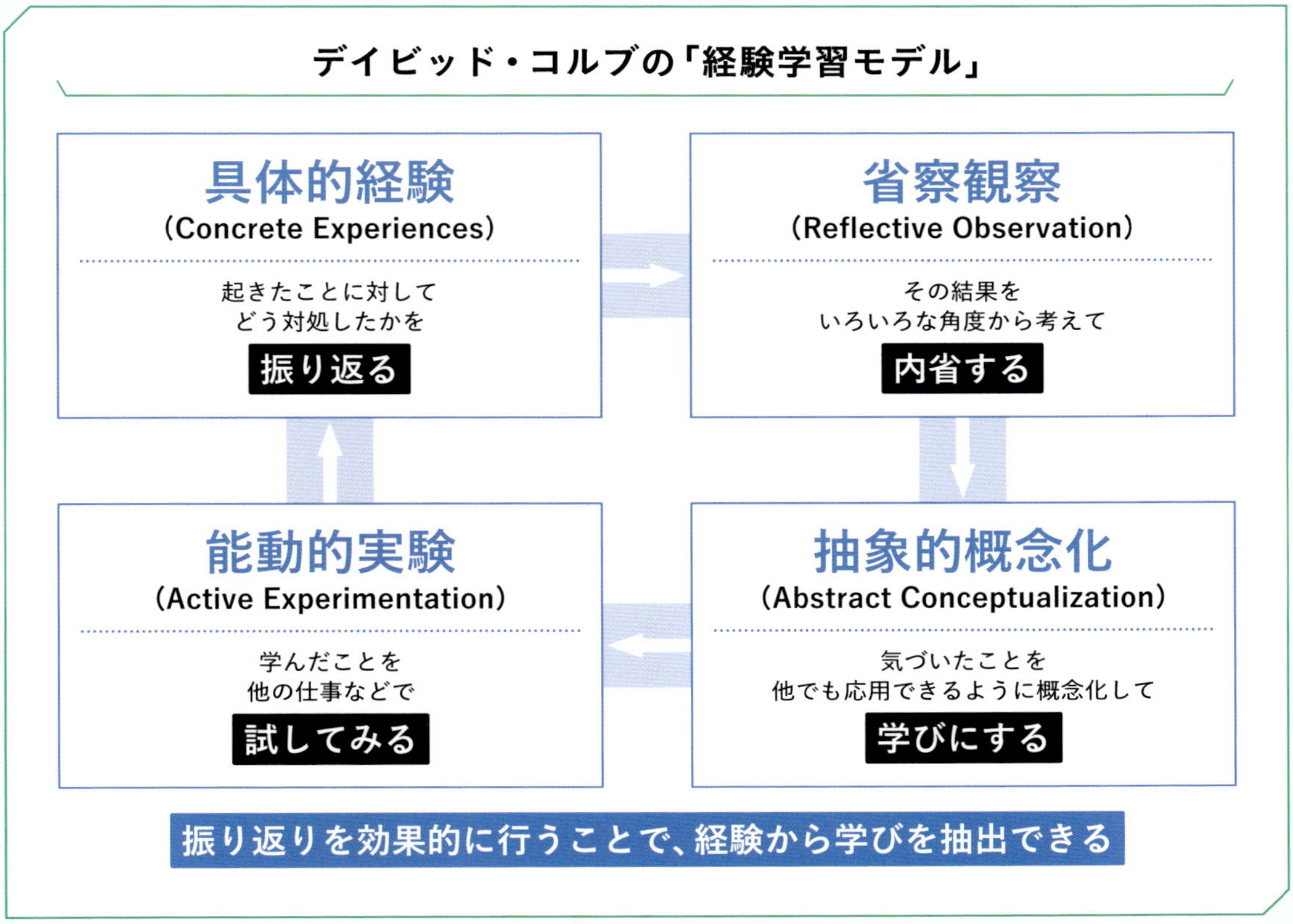
デイビッド・コルブの「経験学習モデル」
具体的経験
（Concrete Experiences）
起きたことに対して
どう対処したかを
振り返る
省察観察
（Reflective Observation）
その結果を
いろいろな角度から考えて
内省する
能動的実験
（Active Experimentation）
学んだことを
他の仕事などで
試してみる
抽象的概念化
（Abstract Conceptualization）
気づいたことを
他でも応用できるように概念化して
学びにする
振り返りを効果的に行うことで、経験から学びを抽出できる

zation）／**気づいたことを一段上に抽象化し、汎用性を持つ学び・マイルールにする**

- **能動的実験（Active Experimentation）／自分の学びを試す**

このサイクルを回すことで、経験を自分の血肉となる学びに変えていきます。**振り返りを効果的に行う、つまり日常を冷静に省みることで、経験から学びを抽出することができる**のです。

振り返るからこそ、自分の成長につながる

振り返りで考えることは、

- **何が起きて、どう感じたか？ どう対処したか？ しなかったか？**
- **どんな学びがあったのか？**
- **次に経験するときは、どうしたいか？**

などです。

時間をうまく使う人は、**翌日か遅くとも週末には振り返りを行います。**

振り返りをしないと、次に似たようなことが起きた場合にも、また同じ行動をとってミスをしてしまう可能性があります。経験をムダにしないために必要な時間なのです。

「後悔」とは違います。悔やむのではなく、言動を省みる「反省」を行うのです。反省するからこそ成長につなげられ、より良い時間の使い方もできるようになっていきます。

振り返りのポイントは、**判断基準を外部ではなく、自分のモノサシにすること**です。

「あの人ほどできなかった」といった他人との比較ではなく、過去の自分と比較しましょう。過去の自分のどの行動が、どんな結果をもたらしたのかを振り返ります。

失敗も、成長のリソースになります。**振り返るからこそ、今までの経験の点と点がつながって、線になってきたことがわかる**のです。

車に乗ってスピードを出しているときは、周りの景色はほとんど見えません。スピード重視の時間の使い方では、目の前のことに精一杯だと、途中にあった学びや反省点などに気づけず、自分の成長につなげることができません。

経験を学びに変える振り返りを、ぜひ取り入れてみてください。時間の使い方においても、計画と振り返りをセットで行い、どんどんアップデートしていきましょう。

06

時間をうまく使う人は

悩む時間が少なく、

追われる人は

いつまでも悩む。

使える時間を確保するためにも、悩む時間は少なめに

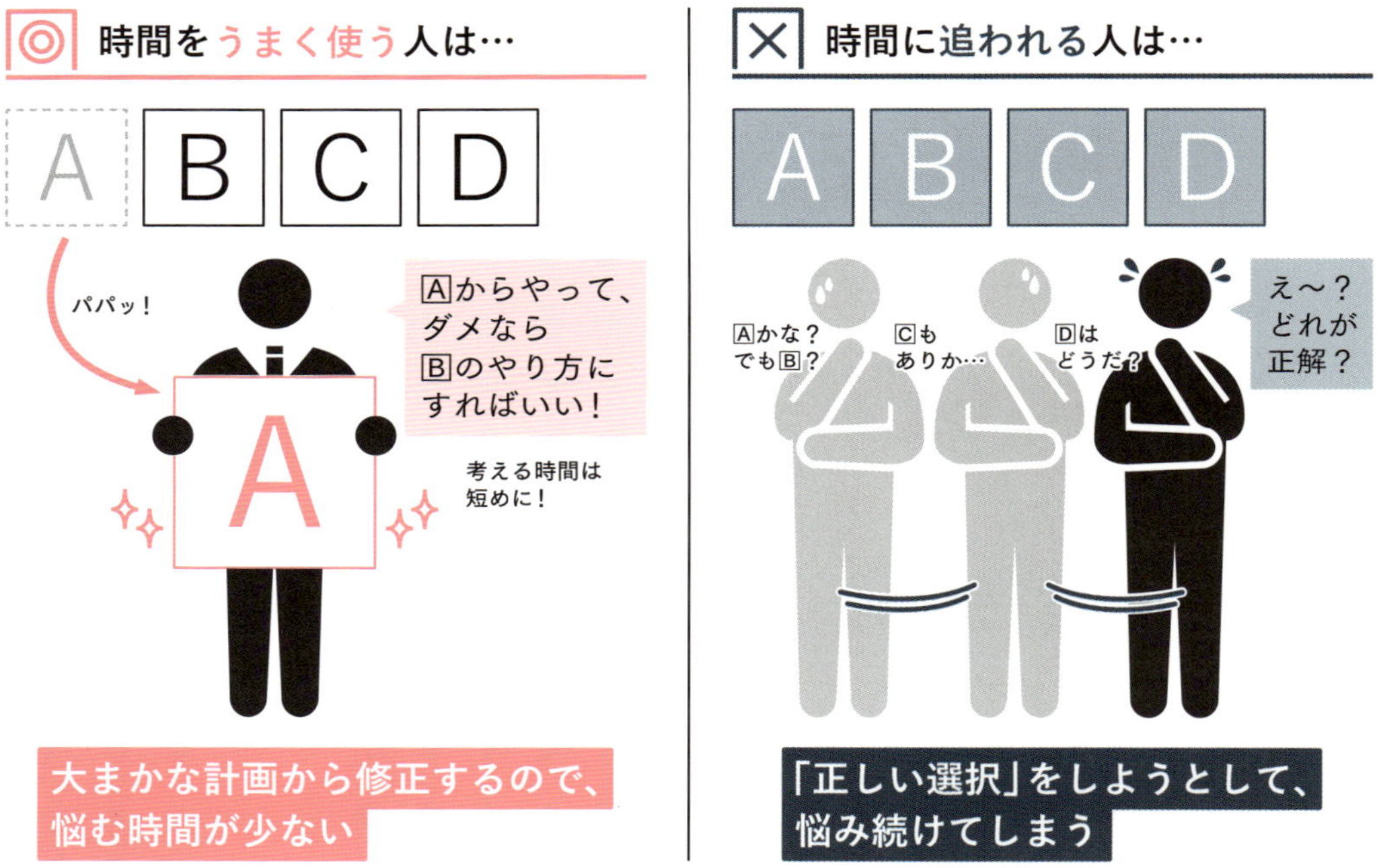

時間をうまく使う人は…
A B C D
パパッ！
Aからやって、ダメならBのやり方にすればいい！
A
考える時間は短めに！
大まかな計画から修正するので、悩む時間が少ない
時間に追われる人は…
A B C D
Aかな？でもB？
Cもありか…
Dはどうだ？
え〜？どれが正解？
「正しい選択」をしようとして、悩み続けてしまう

悩んでもよい時間を把握しておく

悩んでしまい、行動するのに時間がかかってしまうことはありませんか？ もちろん、これは誰にでもあることです。

ただ、時間は留め置けないものであり、悩んでいる間にも容赦なく流れていきます。悶々としている間にも、本来使えたはずの時間が消えていってしまうのです。だからこそ、悩む時間をゼロにはできなくても、せめて少なくしたいですよね。

悩む時間が長い人は、**頭の中でいろんなパターンのシミュレーションをしているために、決めるのに時間がかかっている**ことが多いです。

その裏には、「失敗をしたくない」「ベストな選択をしたい」などの思いがあります。それ自体は、悪いことではありません。優柔不断も、裏を返せば慎重さの現れです。その慎重さがあるからこそ、正しい選択や効率的な選択を導くことができるのだと思います。

ただし、**決断の先延ばしはリスク**になります。ですから、**行動する時間を先に差し引いて、悩んでもよい**

時間のデッドラインは把握しておきましょう。

間違った思い込みに時間を取られていないか

悩みの原因が、自分の間違った思い込み（認知のゆがみ）ということもよくあります。「人に聞くのは恥ずべきこと」など、自分を縛る思い込みや考えの度が過ぎると、苦しくなります。

また、空気を読みすぎて、相手の言葉や態度に振り回される人もいます。そんなときは一度、間を置いて、**「相手に何かを拒否されても、自分を否定されたわけではない」「誰だって機嫌の良いときも悪いときもある」「過去のことを悩んでも仕方ない」など気づくことで、ラクになれる**のではないでしょうか。自分の思い込みで悶々としてしまう人は、早く抜け出しましょう。

心理学の巨匠アルフレッド・アドラーは、「すべての悩みは対人関係の悩みである」と言っています。

少し乱暴に聞こえるかもしれませんが、たとえば「失敗するのが恐い」という悩みには、「他人にできない奴だと思われるのが嫌だから」とか、「自分だけできていないと、人より劣っていると感じる」など、人間関係の影を見ることもできます。

自分を客観的に見て、「間違った思い込みかもしれない」「相手の気持ちをネガティブに想像しても仕方がない」などと、気持ちを切り替えることが効果的な場合もあります。

早く行動するためには、自分の判断基準を持つ

時間をうまく使う人は、**自分なりの裏付けを持った仮説を立て、実行します。**考えることに時間をかけすぎるのではなく、まず**実行しながら修正していくので、悩む時間が短い**のです。

判断に時間がかかってしまう人は、時間の制限はつけた上で、自分が持っている情報をもとに現時点でベストだと思えることを選び、まずは行動するようにしてみてください。

このように何度も仮説を立てて行動し、その結果を踏まえて修正していくことで、自分の判断基準が持てるようになり、**判断基準があれば、スムーズに行動することができます。**

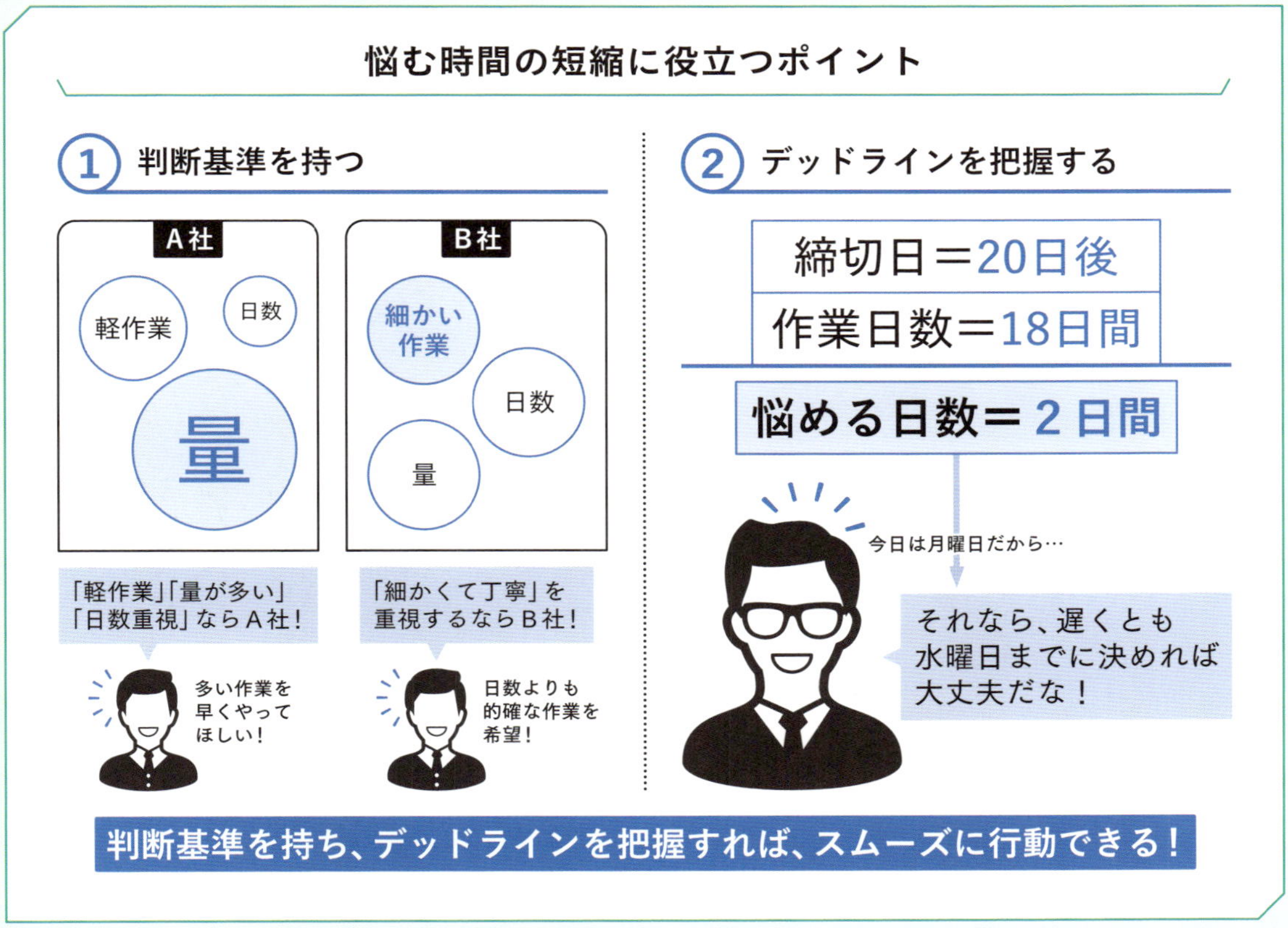
悩む時間の短縮に役立つポイント
① 判断基準を持つ
A社
軽作業
日数
量
B社
細かい作業
日数
量
「軽作業」「量が多い」「日数重視」ならA社！
「細かくて丁寧」を重視するならB社！
多い作業を早くやってほしい！
日数よりも的確な作業を希望！
② デッドラインを把握する
締切日＝20日後
作業日数＝18日間
悩める日数＝2日間
今日は月曜日だから…
それなら、遅くとも水曜日までに決めれば大丈夫だな！
判断基準を持ち、デッドラインを把握すれば、スムーズに行動できる！

07

時間をうまく使う人は

コンディションを大切にし、

追われる人は

コンディションを軽視する。

十分な睡眠が、仕事の質を向上させる

効率の良い時間の使い方を下支えするものは、ずばり健康です。スポーツでも、どこかを痛めている選手に、良いパフォーマンスが期待されることはないでしょう。

時間をうまく使う人は、**自分のパフォーマンスを上げるために、コンディションを整えることにも注力しています。**

私も、会社員時代は残業が多く、食事や生活を整える時間もまったく取れず、睡眠を削っていた時期がありました。今考えると、集中力もパフォーマンスも下がるという負の連鎖に陥っていたように思います。だからこそ、今は食事と運動、睡眠の3点を意識して、自分のコンディションを大切にしています。

「徹夜自慢は無能自慢」という言葉が、慶應義塾大学の理工学部物理情報工学科の「研究をはじめる前に知っておいて欲しい7つのこと」というガイダンスで使われ、話題になりました。

また近年、長時間労働は評価されず、「昨夜も徹夜で〜」という徹夜自

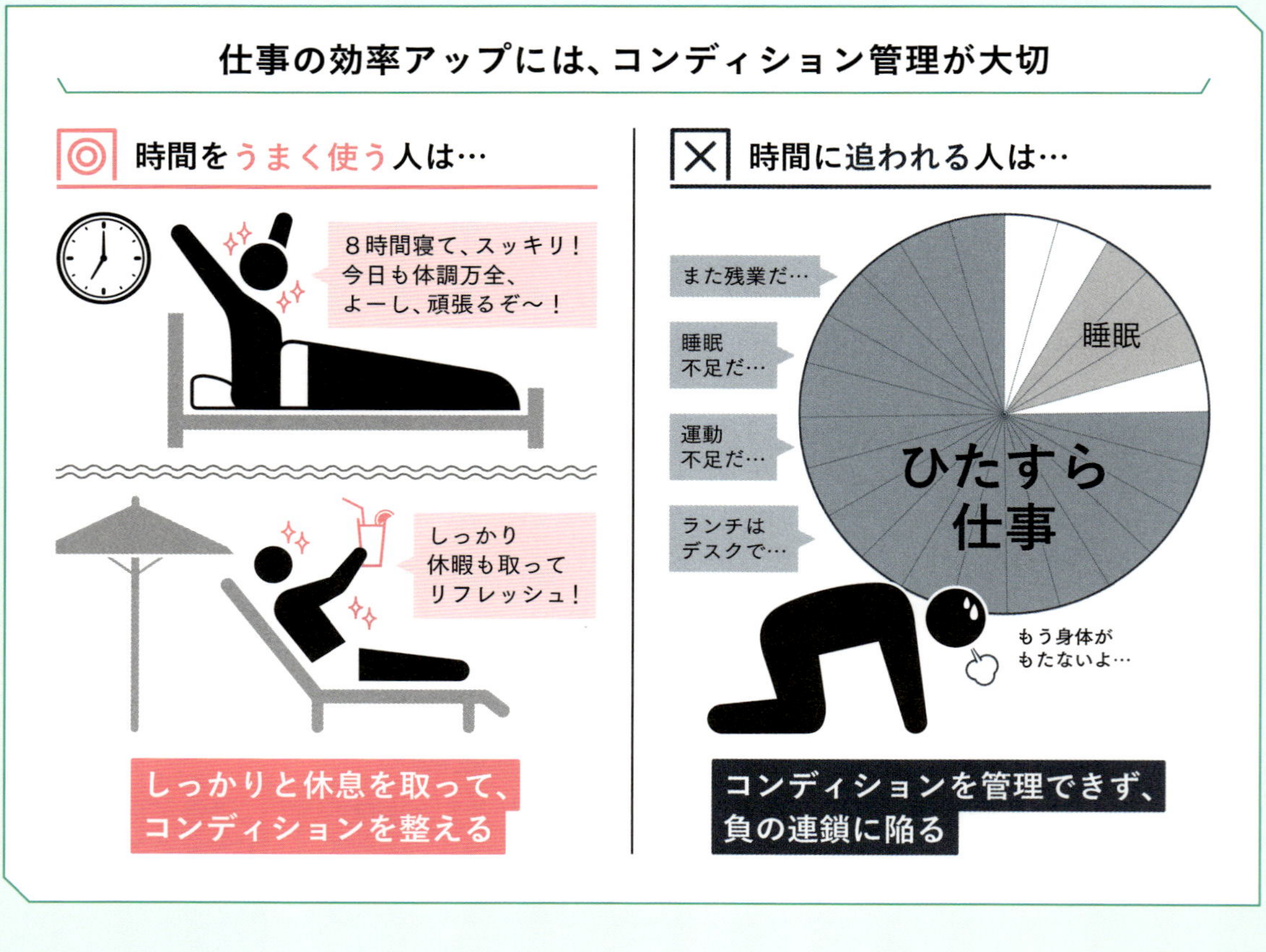

仕事の効率アップには、コンディション管理が大切
◎ 時間をうまく使う人は…
8時間寝て、スッキリ！
今日も体調万全、
よーし、頑張るぞ〜！
しっかり
休暇も取って
リフレッシュ！
しっかりと休息を取って、
コンディションを整える
✕ 時間に追われる人は…
また残業だ…
睡眠
不足だ…
運動
不足だ…
ランチは
デスクで…
睡眠
ひたすら
仕事
もう身体が
もたないよ…
コンディションを管理できず、
負の連鎖に陥る

「戦略的な休息」で、コンディションを整える

「パワーナップ」のメリット
疲れが取れる
発想力があがる
集中力が高まる
仕事の効率アップ
「ポジティブ・ブレイク」のポイント
休むことに罪悪感を持たない
睡眠時間も予定に入れる
早めに休暇を予定し、スケジュールを組む

コンディションを整えることも、仕事の１つと考える

慢は「時間をかけないと仕事ができない」宣言と紙一重になっています。

今や睡眠の重要さが広まり、ジェフ・ベゾスやビル・ゲイツをはじめ、才能を発揮して成功している人たちは睡眠を大切にしていることも有名です。

睡眠不足だと脳の働きが落ち、自制心を司る前頭葉の働きが低下するため、正しい判断など、理性的な行動をしづらくなります。**脳が覚醒して作業ができるのは朝起きて12～13時間までで、17時間を超えると酩酊状態と同じレベルの作業能率になる**そうです。

こういったことから、戦略的な昼寝（パワーナップ）を実施する学校や企業もあります。昼に15分ほど仮眠を取ることで、午後のパフォーマンスを維持することができるのです。

ただし、20分以上の昼寝は、体がダルくなってしまうので逆効果です。

事前に計画を立て、戦略的な休息を用意する

意志力は、まるでスマホの電池のように減っていくことをご存じでしょうか。フロリダ州立大学の心理学者、ロイ・バウマイスター教授の実験では、自制心は使えば使うほど、時間の経過とともに低下し、集中力も判断力も低下しました。疲れていると、自分に甘い判断をしてしまい、良い選択ができなくなるのです。

だからこそ、時間をうまく使う人は、**ポジティブ・ブレイク（戦略的な休憩）を取って効率良く仕事をします。**

実際にクライアントの中には、忙しいからこそバッファとしての役割も兼ねて、繁忙期に半休を取っている人もいました。あらかじめ、**自分のコンディションを整えるための休息を予定しておく**のです。

睡眠不足など、疲れているときにヒューマンエラーが起こりやすいのは広く知られていることです。自分のコンディションを整えることも、大切な仕事の一つです。休むことに罪悪感を持たず、ベストコンディションで仕事にのぞみましょう。

繁忙期の休暇は難しいでしょうが、睡眠時間も予定に入れる、できるだけ早めに休暇を予定し、それに合わせたスケジュールを組むなど、できそうなものから、ぜひ**「戦略的な休息」**を取り入れてみてください。

CHAPTER 1
思考編

まとめ

時間をうまく使う人は
俯瞰して全体の時間をデザインする！

時間をうまく使う人は
自分の時間のハンドルを自分で握る！

時間をうまく使う人は
思いつきに振り回されず、「スロー思考」で見通しを立てる！

時間をうまく使う人は
長期的な視点で考える！

時間をうまく使う人は
自分の行動を振り返り、経験を学びに変える！

時間をうまく使う人は
自分の判断基準を持って、悩む時間を短くする！

時間をうまく使う人は
戦略的な休息を取る！

CHAPTER 2

スケジュール管理編

The Power of Habits will Change Your Life.

The Method of Get Control of Your Time and Life
-38 Habits of Improving Your Life

08

時間をうまく使う人は

使える時間を把握して使い、

追われる人は

時間を際限なく使う。

使える時間を把握すると、時間のムダ遣いが減る

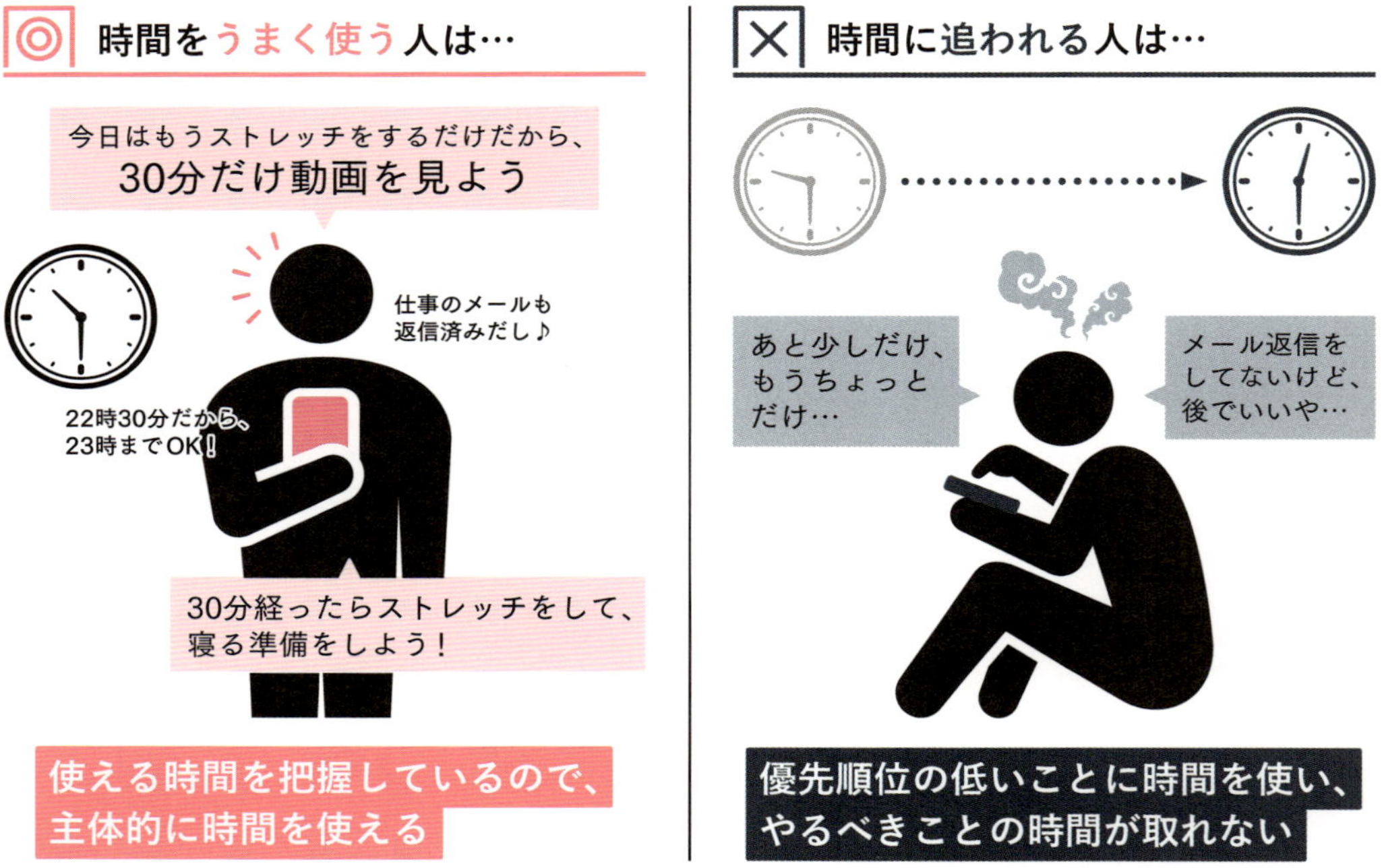

◎ 時間をうまく使う人は…
今日はもうストレッチをするだけだから、30分だけ動画を見よう
仕事のメールも返信済みだし♪
22時30分だから、23時までOK！
30分経ったらストレッチをして、寝る準備をしよう！
使える時間を把握しているので、主体的に時間を使える
× 時間に追われる人は…
あと少しだけ、もうちょっとだけ…
メール返信をしてないけど、後でいいや…
優先順位の低いことに時間を使い、やるべきことの時間が取れない

自分は1日の時間をどう使っているのか？

時間は目に見えないものなので、ムダ遣いをしてしまいがちです。

だからこそ、時間をうまく使う人は、**「自分が時間をどう使っているか」「どのくらい使える時間があるか」ということを意識して、時間管理をしています。**

そもそも、時間をうまく使うには、**時間を可視化**する必要があります。「○時間」などと数字で把握することもできますが、手帳の時間軸を枠で囲むなどしてビジュアルで見る方が、持ち時間をイメージしやすくなるのでおすすめです。

タイムマネジメント・コーチングでは、「時間記録」のワークを行います。家計簿などで、お金を「何にいくら使ったか」を把握するのと同様に、**時間も記録することでどう使っているかを把握します。**

これは自分を俯瞰してメタ認知する作業でもあり、自分が時間をどう使っているかが一目瞭然なので、このワークを行うだけでタイムマネジメント力が上がる人もいるほど効果的です。

時間を可視化して、「自分の時間」を確保する

「時間記録」のワークは、下図のように3ステップで進めます。

①枠を用意します。1週間、0時〜24時までの一覧をつくります。手書きで記入できるようにすると、ラクに記録できます。

②睡眠、食事、家事、仕事、娯楽などの行動を10〜15分単位で記入します。できるだけ細かく書くのがコツです。1週間、毎日記録します。

③1週間分の記録を振り返ります。仕事は赤、娯楽は青、生活時間は緑など、行動の種類で色分けするとわかりやすくなります。

1週間記録するのが難しい場合は、平日の典型的な1日と週末2日の3日間だけでも構いませんが、1週間の方が曜日の違いが明確になるので、おすすめです。

睡眠時間と、仕事時間、通勤時間を塗りつぶすと、使える時間が自ずと見えてきます。そこからさらに食事、風呂などの生活時間を引けば、自由になる時間が否が応でも見えるはずです。上級者には、差がわかるように、**予定と実際の行動の両方を記録する**人もいます（予実管理）。

そして、この記録を使って振り返りを行っていくのですが、把握したいものは人によって違います。ですから、まずは、

- **仕事とプライベートのバランスは取れているか？**
- **自分のための時間はあるか？**
- **どこでムダ遣いしていたか？**
- **何をしているときに、どんな中断が入ったか？**

といった典型的な振り返り項目から考えましょう。その上で、「こんなに時間をかけなくてもよかった」「午前中にこの作業をするのはもったいなかった」などに気づけると、次から改善の手が打てます。

使える時間がどのくらいか把握できていないと、優先順位が低いものに時間を使ってしまい、やりたいことに時間が取れなくなります。

時間は何をするにも必要なものであり、大切なリソース（資源）です。ぜひ時間記録を見て、時間を搾取されていないか確認してみてください。

限りある時間を可視化して、後悔しない、主体的な時間の使い方をしていきましょう。

タイムマネジメント力を上げる「時間記録」の例

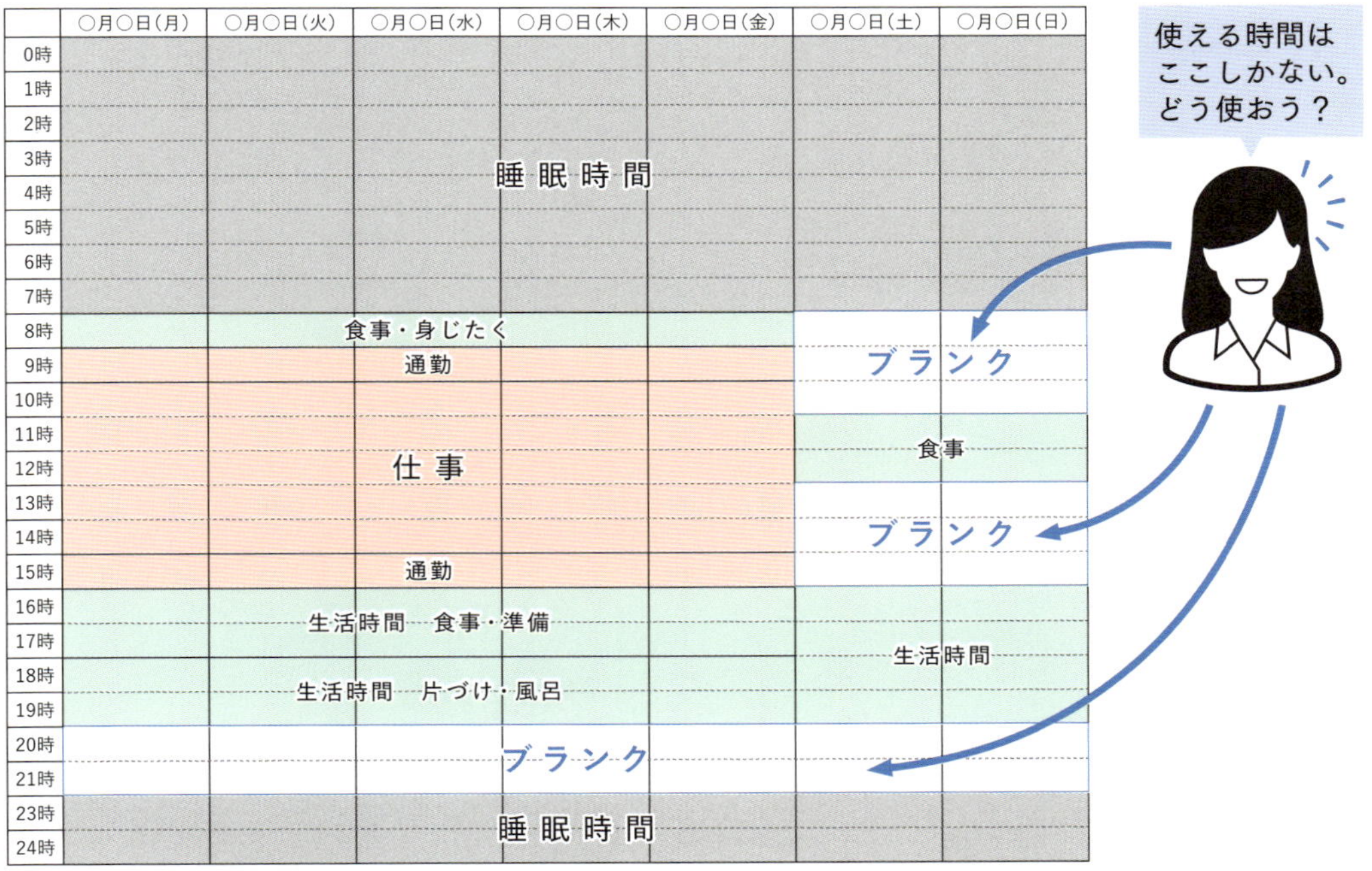

09

時間をうまく使う人は

時間の見積もりがうまく、

追われる人は

時間の見積もりを諦める。

ToDoリストは、時間軸とセットで考える

予定の管理をする際、ToDoリストにタスクを書き出すだけの人もいますが、タスクの数が増えると、時間軸なしで考えていては対応しきれなくなってしまいます。予定を実現するためには、**時間配分も含めた行動予定表でスケジューリングする**ことが必要です。

スケジューリングをする際は、リストにやることを洗い出す段階で、何をすればいいのかがはっきりわかるように書くのがポイントです。

たとえば、雑誌連載の企画を進める場合なら、「○○誌の企画」とだけではなく、「○○誌　企画立案」「○○誌　情報収集・ヒアリング」など、大きなタスクを事前に分割して具体的に書くと、行動しやすく効果的なスケジューリングができます。

また、忘れがちなのが**「タスクの仕分け」**です。ToDoリストに書いたものをすべて実施するのは、厳しいこともあるでしょう。そのため、あらかじめ**タスクを重要度でランク分けしておく**のがおすすめです。

「今日中に終わらせなければならな

時間配分も含めたスケジューリングが大切

◎ 時間をうまく使う人は…

○月○日（月）ToDoリスト

★○○誌　企画
- 企画立案　120分
- 情報収集、ヒアリング　90分
- 年間計画策定　60分

この３つなら、
計４時間半確保して
おけば問題なし！

タスクを具体的に管理するので、
時間の見積もりが正確

✕ 時間に追われる人は…

○月○日（月）ToDoリスト

- 10：00　A社打ち合わせ
- ○○誌　企画
- ホームページ案

???
どれくらい時間が
かかるんだろう？
全然わからないな…

タスク管理がざっくりしすぎて、
時間の見積もりができない

時間の見積もり方を身につける

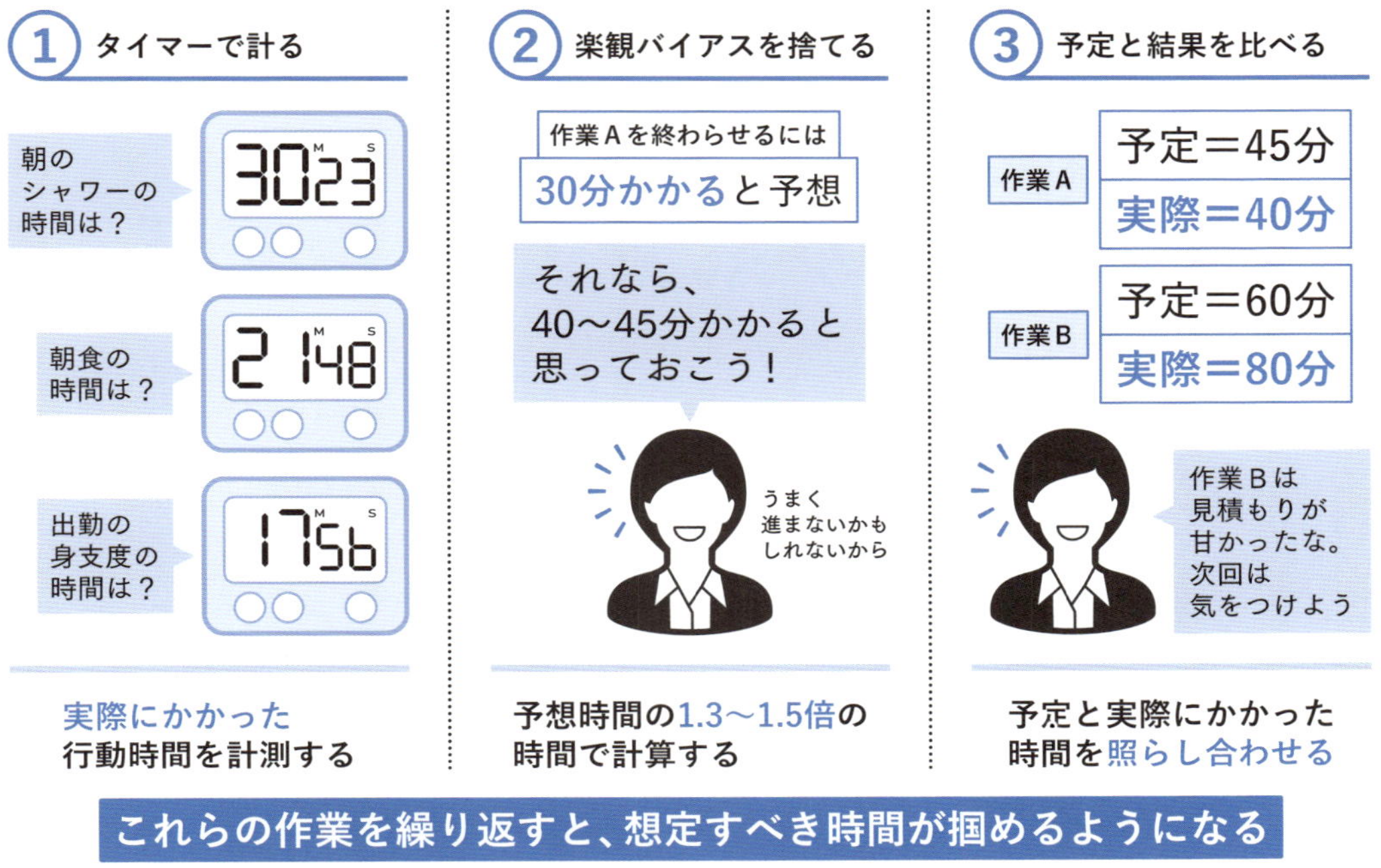
① タイマーで計る
朝のシャワーの時間は？
30 23
朝食の時間は？
21 48
出勤の身支度の時間は？
17 56
実際にかかった行動時間を計測する
② 楽観バイアスを捨てる
作業Aを終わらせるには
30分かかると予想
それなら、40〜45分かかると思っておこう！
うまく進まないかもしれないから
予想時間の1.3〜1.5倍の時間で計算する
③ 予定と結果を比べる
作業A
予定＝45分
実際＝40分
作業B
予定＝60分
実際＝80分
作業Bは見積もりが甘かったな。次回は気をつけよう
予定と実際にかかった時間を照らし合わせる
これらの作業を繰り返すと、想定すべき時間が掴めるようになる

いタスク」はAランク、「今日中に実行できたらラッキーのタスク」はBランクなど、名前をつけてランク分けの基準をつくると、毎日のやるべきことをシンプルに分けられます。

スケジューリングには、「時間の見積もり」が大切

スケジューリングにおいて重要なのは**「時間の見積もり」**ですが、苦手な人も多いと思います。たとえば、朝の準備時間。時間は十分あったはずなのに、いつの間にか出発時間になっていて慌てる人もいるでしょう。

私も時間が足りずに焦ることがよくあったので、朝の行動をすべてタイマーで計ってみたところ、ひとつひとつに想定より長い時間がかかっていたことがわかりました。

そこで、実際の時間をもとに、出発時間から逆算して起きるようにしたところ、その日のニュースを確認したり、カフェで一息ついたりしてから、余裕を持って仕事を始められるようになりました。

学生に「卒業論文の執筆に何日間かかるか」という質問をして、実際の日数と比較した実験があります。学生の答えは、「すべてがうまくいった場合」の予定は平均で約27日間、「何もかもうまくいかなかった場合」の予定は平均で約48日間でした。

ところが、実際にかかった日数の平均は約55日間と、最悪の場合の見積もりを超えていたのです。つまり、時間の見積もりをするときには、このような**「楽観バイアス」がかかりやすい**ということです。

ですので、タイムマネジメント・コーチングでは**予測した時間の1・3～1・5倍を見込む**ようにお伝えします。ある作業に30分かかると予想したなら、40～45分かかると思っておきます。この方法でそれぞれのタスクを計算し、1日に入るタスクの数を調整すると、いくぶん現実的なスケジュールができます。

そして、**予定していた時間と、実際にかかった時間を照らし合わせる**ことを繰り返し行うと、何にどれくらいの時間を想定しておくべきかが掴めてくるのです。

時間の見積もりが苦手な人は、最初は間違っていてもよいので、それぞれのタスクに必要な時間を見積もり、実際の結果と照らし合わせ、練習をしてみましょう。

10

時間をうまく使う人は

重要なことから着手し、

追われる人は

そのときの気分で着手する。

「アイゼンハワーの法則」で優先順位をつける

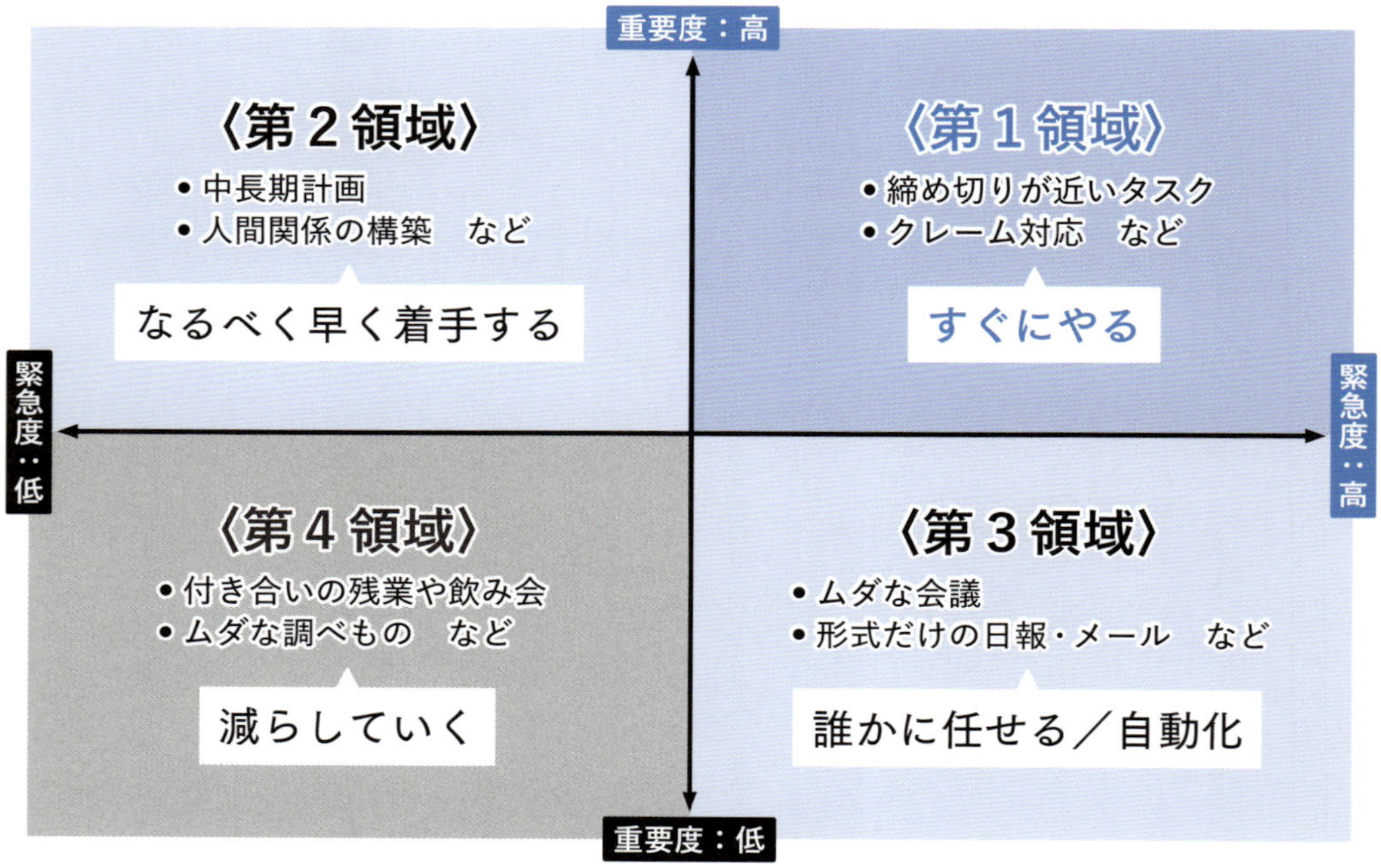

タスクを4つに分類して優先順位をつける

そのときの気分だけで動くと、重要なものが残されてしまうことがあります。「ラクだから」と簡単な仕事ばかりしていると、優先度の高い重要な仕事が残ってしまい慌てる……ということになりかねません。ですから、**タスクの優先順位を考えることは**、非常に重要です。

優先度の高いタスクを見分けるには、**「アイゼンハワーの法則」**がおすすめです。元アメリカ大統領のアイゼンハワーに由来するこの法則は、**重要度と緊急度のマトリクスで、タスクの優先順位を考えるときに使われるフレームワーク**です。

上図のように、タスクを次の4つの領域に分類します。

- **第1領域**（重要度：高／緊急度：高）
  〈例〉締め切りが近いタスク、クレーム対応
- **第2領域**（重要度：高／緊急度：低）
  〈例〉中長期計画、スキル向上、人間関係の構築
- **第3領域**（重要度：低／緊急度：高）
  〈例〉ムダな会議、形式だけの日報・メール返信

- **第4領域（重要度：低／緊急度：低）**
  〈例〉付き合いの残業や飲み会、ムダな調べもの

第1領域は、一番に着手されるべきものです。ただ、第2領域も重要なので、なるべく早い段階で着手しましょう。なぜなら、第2領域は放置すると突発的に緊急対応が必要になり、第1領域に移動することがあるからです。

第3領域は必要ですが、見返りの少ないタスクです。少なくするか、自動化や人に任せるなどして数を減らしたいものです。第4領域は、どんどん減らしていくべき行動です。

この4つに分けたら、その中で**インパクト（影響度や効果）×手間（難易度）で優先順位を考えます。**同じ領域の中でも重要度が同レベルであれば、簡単にできて効果のあるものからやった方が、早めに良い影響が出ることが期待できます。

限られた「時間の器」には重要な物から入れる

自分の持つ時間の器は24時間で、増やすことも減らすこともできませんが、効率的に、意義のある濃い使い方にもできます。

時間をうまく使う人は、**タスクのフィルターを持っています。**1日の時間の器に入れる前に、取捨選択しましょう。器からあふれたものは対処できません。

限りある時間を使うからには、新しくタスクが入ってくるたびに「やるに値するか？」というフィルタリングが必要です。私は**「MoSCoW」**というシンプルな分析法をもとに、フィルタリングをしています。

「Must／絶対やる必要がある」「Should／可能であればやる」「Could／やってもいい」「Will Not／見送り」の4つに分類し、当てはまらないタスクは削除します。この視点で定期的に見直すと、タスクのダイエットができるのでおすすめです。

また、**「人生の時間の器」に入れるものという視点でも、タスクを考えること**をおすすめします。「人生において優先すべきものは？」と考えて器に入れていかないと、入りきらなくなってしまいます。

優先されるものは、ライフステージによって変わります。大切なことを取りこぼさないよう、優先度順に時間をかけるように心がけましょう。

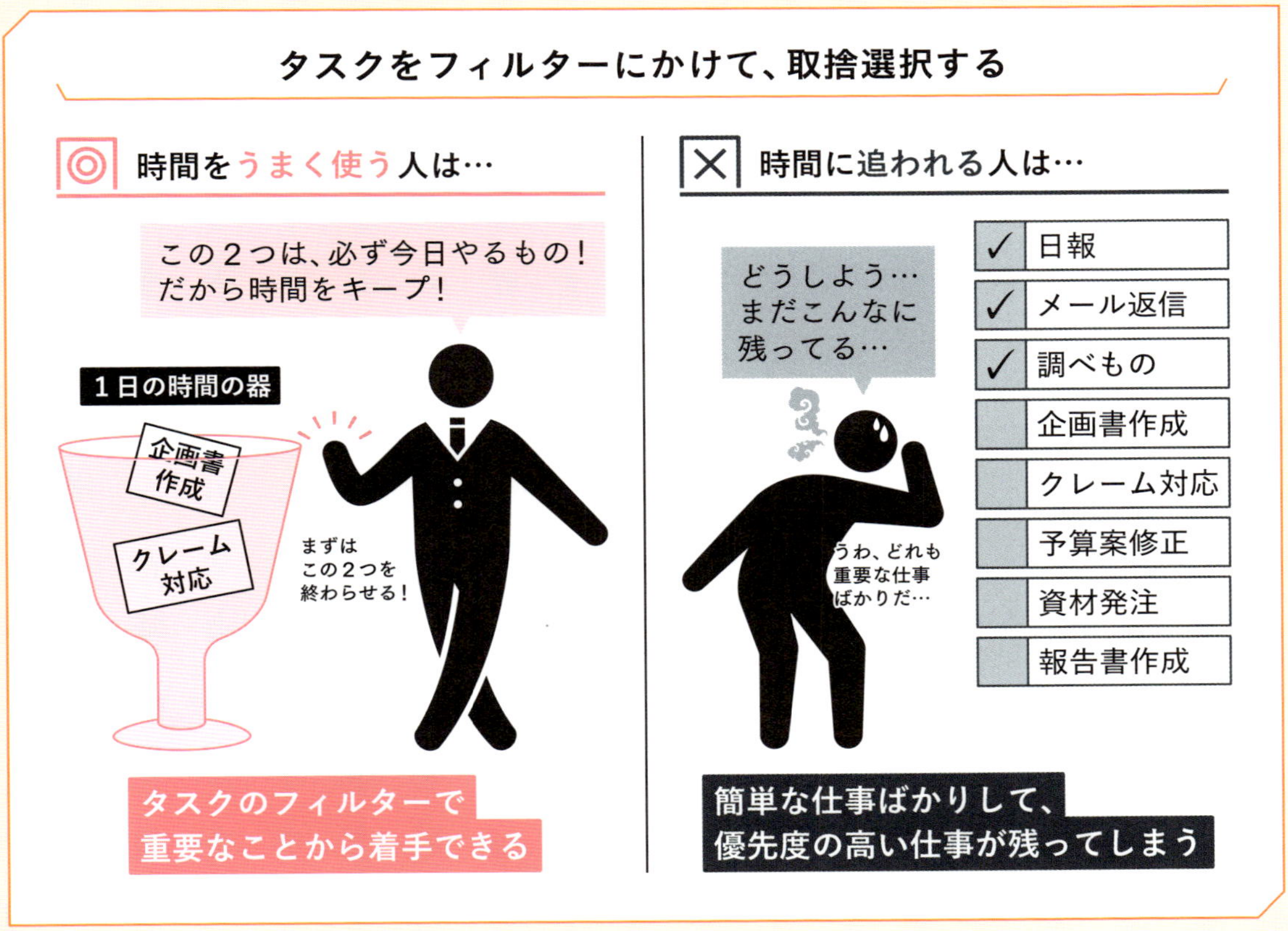
タスクをフィルターにかけて、取捨選択する
時間をうまく使う人は…
この２つは、必ず今日やるもの！
だから時間をキープ！
１日の時間の器
企画書作成
クレーム対応
まずは
この２つを
終わらせる！
タスクのフィルターで
重要なことから着手できる
時間に追われる人は…
どうしよう…
まだこんなに
残ってる…
うわ、どれも
重要な仕事
ばかりだ…
日報
メール返信
調べもの
企画書作成
クレーム対応
予算案修正
資材発注
報告書作成
簡単な仕事ばかりして、
優先度の高い仕事が残ってしまう

時間をうまく使う人は

自分の行動時間も押さえ、

追われる人は

他人とのアポイントしか書かない。

自分の行動時間も踏まえ、スケジュールを先取りする

会議や打ち合わせなど、他の人が関わる予定のみをスケジュールに入れている人は多いです。しかし、**スケジュールを考えるとき、人とのアポを入れる前に、自分の時間を確保することは重要です。**

最近は、ツールを使ってスケジュールを仕事仲間と共有している人も多いと思います。この方法では、他の人に自分のスケジュールがチェックされ、会議などのアポイントがどんどん入ってくるので、自分のための時間が確保しづらくなっていきます。そのため、予定を入れられると困る時間は、先にブロックしておかなければなりません。

時間をうまく使う人は、**自分の作業時間や、予定の前後の時間もあらかじめスケジュールに組み入れています。**予定の前後には、見えない時間が発生しています。ササッと終わるだろうと見込んで、予定に組み入れていない時間です。

たとえば、移動時間もその一つです。物理的にお客様のところに訪問する、会議室に移動する時間の他に、

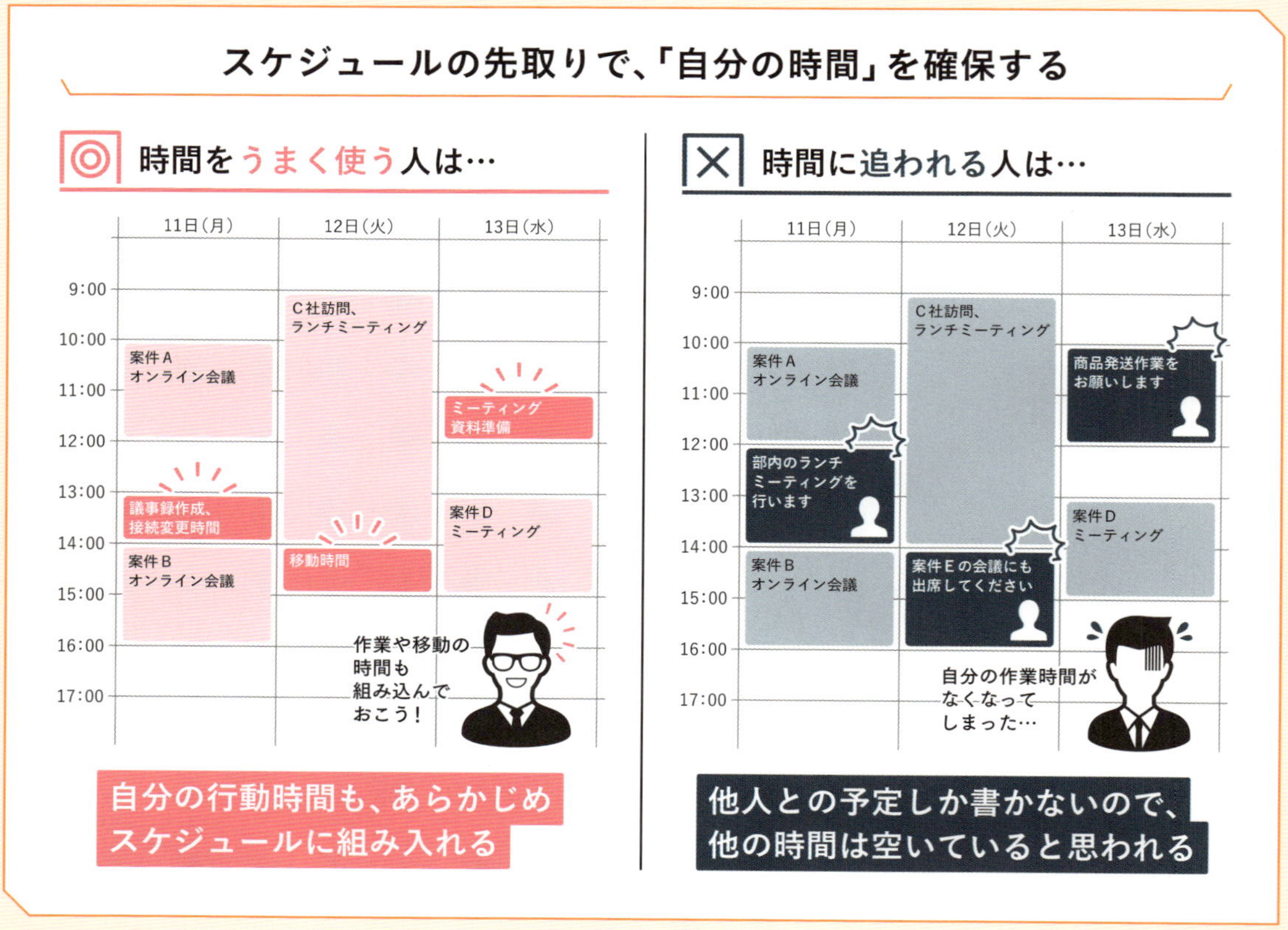

「ゴールデンタイム」を上手に活用する

企画案作成や原稿執筆など、
重要な仕事や頭を使う仕事は、
ゴールデンタイムに最適！
雑務やルーティン、体を使う仕事は、
ゴールデンタイム以外に
配置するとよい

起床後3～4時間は、脳がもっとも効率よく働く「ゴールデンタイム」！

「オンライン会議の接続先を変える時間」も考える必要があります。

オンラインでやってしまいがちなのが、14時からのミーティングに参加するのに、14時ギリギリまで別のアポイントを入れてしまうことです。スムーズに接続できるとも限らないので、余裕を持って前後に5～10分は見ておいた方が無難です。

作業時間も同様です。たとえば、会議を連続させるなど、他人とのアポイントをいっぱいに詰め込んでしまうと、会議で決まった内容を実行することも、議事録を作成する時間も取れません。

そして、資料の準備や振り返りの時間さえ取れないままに、次のアポイントを迎えることになるのです。ですから、**アポを入れたら、同時に自分の移動時間や作業時間も一緒に確保しておきましょう。**

部下や後輩のフォローをする時間も、予定は立てづらいですが、必ず発生する見えない時間の1つです。状況をチェックし、あらかじめバッファを持たせるなど、突発的にフォローする必要が出てくる可能性を踏まえてスケジュールを考えておく必要があります。

「ゴールデンタイム」は、自分のためにキープする

脳の働きが高まり、良いパフォーマンスを出せる「ゴールデンタイム」と呼ばれる時間があります。脳科学的には、起床後3～4時間は脳がしっかり働くため、午前中がゴールデンタイムになることが多いようです。特に朝の30分は、夜の2～3時間に匹敵するとも言われています。

私も夜だと3時間かかる原稿が、朝なら1時間で仕上がることがあります。そのため、午前9時～11時は、重要な仕事や頭を使う仕事のための時間としてブロックしています。

雑務やルーティン、体を使う仕事はゴールデンタイム以外の時間帯に配置し、なるべく人に割り込まれないように確保しておきましょう。

予定を入れていないと、周りから対応をお願いされてしまうこともあるので、あらかじめ対応できる時間を設定しておくとよいでしょう。

予定に付随して必要になる時間も、ゴールデンタイムも、スケジュールに組み込んでブロックしておくことで、余裕を持って気持ちよく仕事を進めていくことができるのです。

12

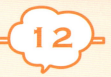

時間をうまく使う人は
イレギュラーに強く、

追われる人は
イレギュラーでフリーズする。

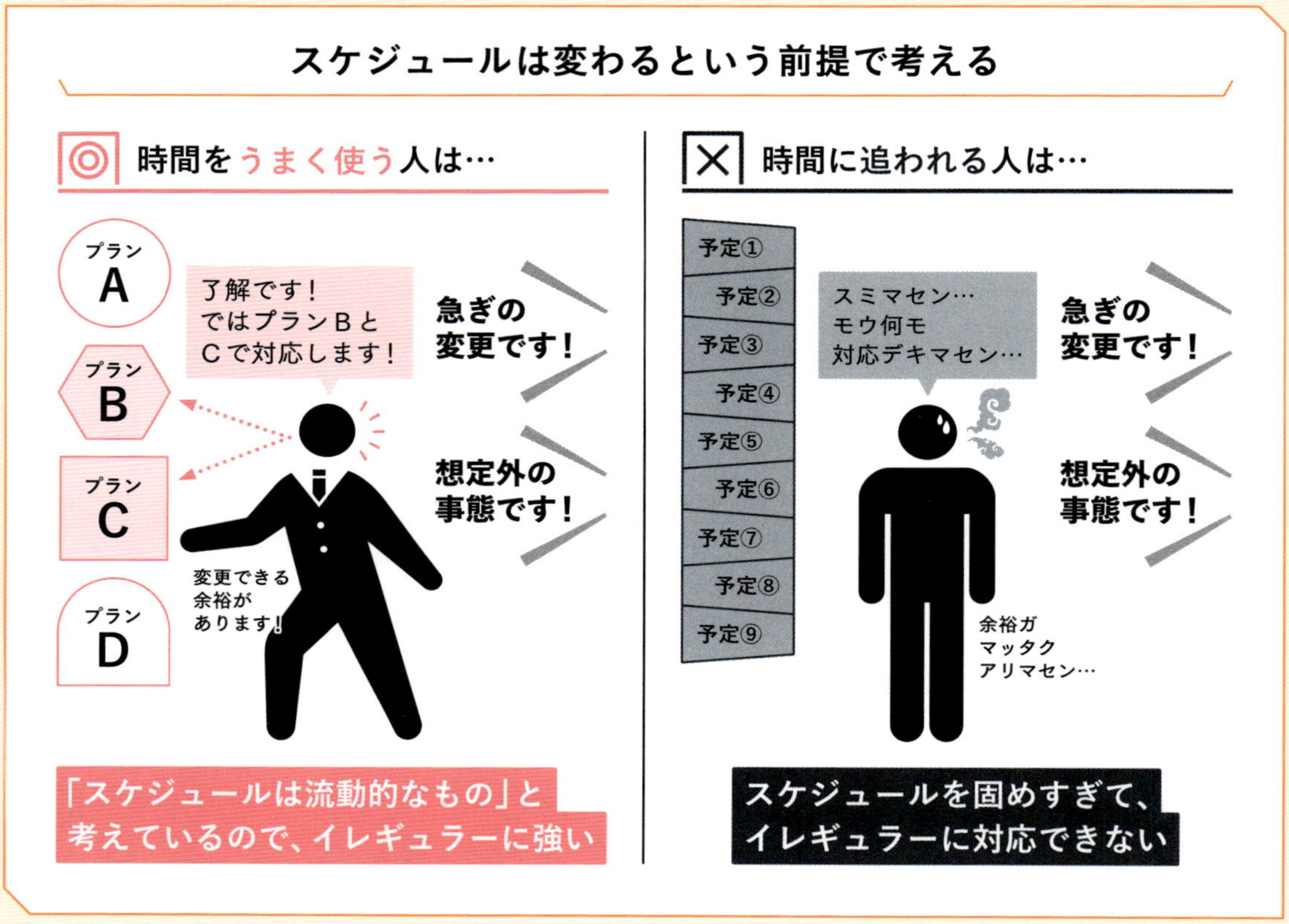

スケジュールは流動的なものと考えておく

仕事をしていると、「お客様から仕事の変更を依頼された」「想定外のクレームが発生した」「仕事が立て込んでいるときに、上司から仕事を振られた」など、突発的な出来事がよくあるものです。

突然の割り込み仕事が来ると、自分の立てたスケジュールは崩れてしまいます。予定された時間の使い方ができなくなると、焦ってストレスを感じることもあるでしょう。あなたは、そのようなイレギュラーに、どう対応していますか？

時間をうまく使う人は、**はじめから「スケジュールは流動的なもの」と考えています。スケジュールは、「順調に事が進んだ場合」を前提として立てている**のです。

仕事の依頼という歓迎すべき良いニュースも、クレームという悪いニュースも、たいてい、事前告知なく突発的に来るものです。つまり、そもそもスケジュールは流動的なものであり、変更されることが当たり前なのです。

私は不測の事態が発生したときに

備えて、あらかじめ時間に余裕を持っておくようにしています。たとえば、講師の仕事では時間に遅れることは致命的なので、電車遅延などのトラブルに備えて、1時間ほど前に到着して近場で時間を過ごすようにしています。

イレギュラーなことが起こったときのストレスや周囲への迷惑を考えれば、早めに動いておく負担の方が断然ラクだと考えているからです。

不測の事態に備えて、あらかじめ準備をする

予定通りにいかないとき、予定の順序を入れ替える、他の手段に切り替えるなど、いつもの型に縛られることなく動くことのできる柔軟な対応力が、タイムマネジメント力の見せ場ではないかと思います。**柔軟に対応するためには、時間の余裕は欠かせません。**

とはいえ、予定の変更に翻弄されっぱなしにするのではなく、PDCAを回して、そもそものスケジュールの見直しをすることも必要です。

仕事の権限が大きくなるほど、ルーティンは減り、イレギュラーなことへの対応を迫られることになります。そういった場合は、**不規則な仕事をデフォルト（初期設定）にしておき、あらかじめ対応策を準備しておく**ことをおすすめします。

「状況が変わったらBプランに変更する」などの判断基準を持つことや、想定外であれば過去の似たパターンを参考にする、相談できるホットラインを持つことなどが大切です。

よくある悩みに、「『ちょっといいですか』と声をかけられて、自分の仕事が中断されてしまう」というケースがあります。自分が予定していた通りに進まないばかりか、一度中断されたことによって集中力も途切れてしまいます。

この対処法としては、まずは、**質問を減らす行動（先に伝えておく、FAQを作成しておくなど）をする、声をかけてもらっても構わない時間をあらかじめ決めて伝えておく**、といったことが考えられます。

予定はあくまで仮置きと考えましょう。タイムマネジメントにおいては、**分刻みのスケジュールを立てて予定通りに動くことより、臨機応変に決断・対応できるようにしておく**ことが大切なのです。

不測の事態に備えて、あらかじめ時間に余裕を持つようにする

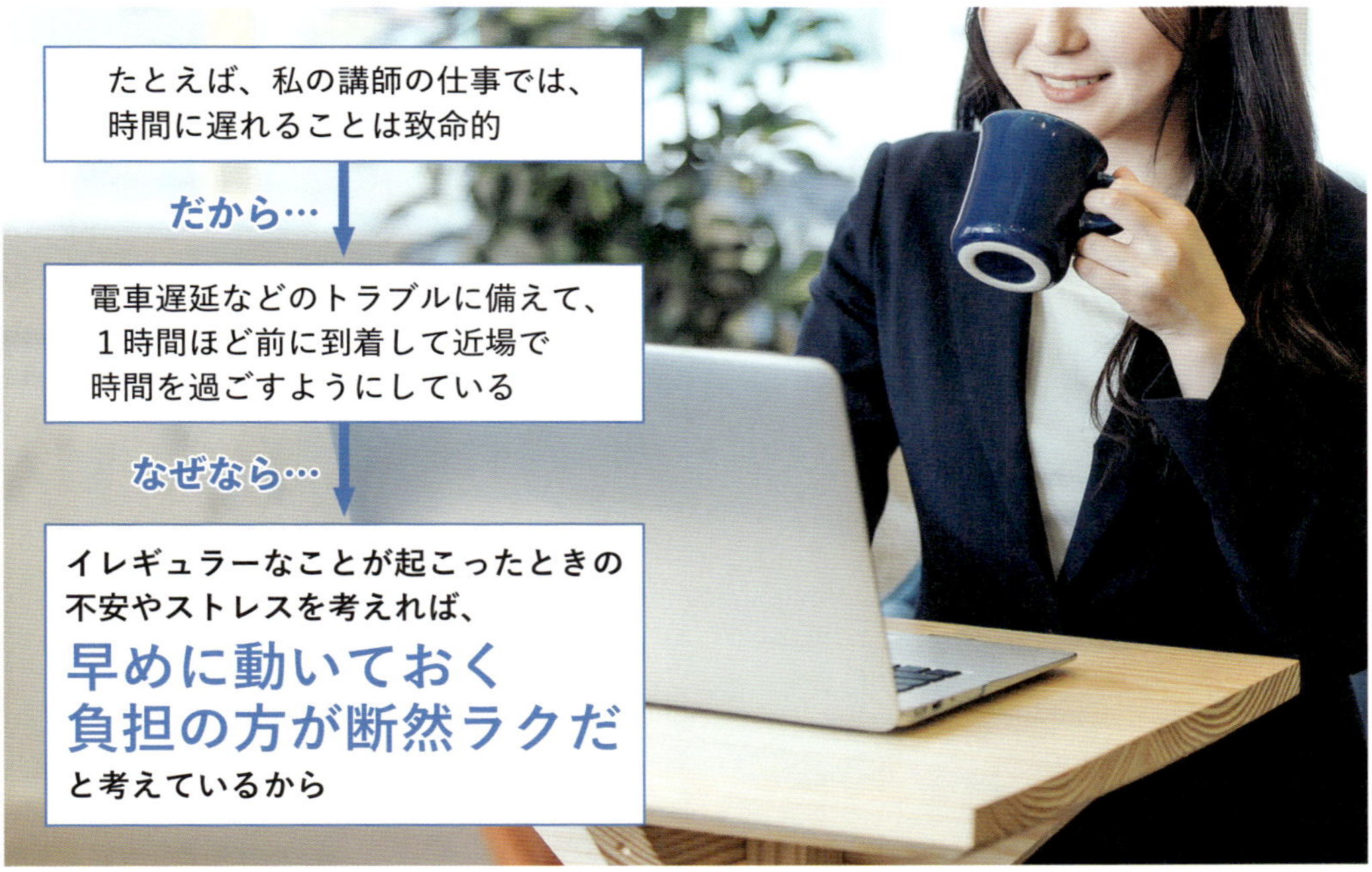
たとえば、私の講師の仕事では、時間に遅れることは致命的
だから…
電車遅延などのトラブルに備えて、1時間ほど前に到着して近場で時間を過ごすようにしている
なぜなら…
イレギュラーなことが起こったときの不安やストレスを考えれば、
早めに動いておく負担の方が断然ラクだ
と考えているから

13

時間をうまく使う人は
バッファを組み込み、

追われる人は
スキマなく詰め込む。

余裕のあるスケジュールは心にも余裕が生まれる

時間をうまく使う人は、**スケジュールを立てるときに、いたるところに「バッファ」を持たせています。**

バッファとは、緩衝材を意味します。タイムマネジメントにおけるバッファは、クッション・タイムとも呼ばれ、時間のゆとりのことです。突発的な仕事が入った場合や、予定した仕事が終わらなかった場合に使える時間です。きっちりスキマなく埋まっているスケジュールは、何かあったときに対応できません。

こんな実験があります。講堂に行くよう学生に指示をし、1つのグループには「急いだ方がいい」と伝え、別のグループには「まだ時間はあるけれど、そろそろ行った方がいい」と伝えました。

講堂に行く途中で倒れている人に遭遇した際、「急いだ方がいい」と言われたグループで立ち止まった人の割合は10%であったのに対して、「まだ時間がある」と言われたグループでは63%の人が立ち止まってあげたそうです。「忙しい」という字は、心を亡くすと書きますが、本当ですね。

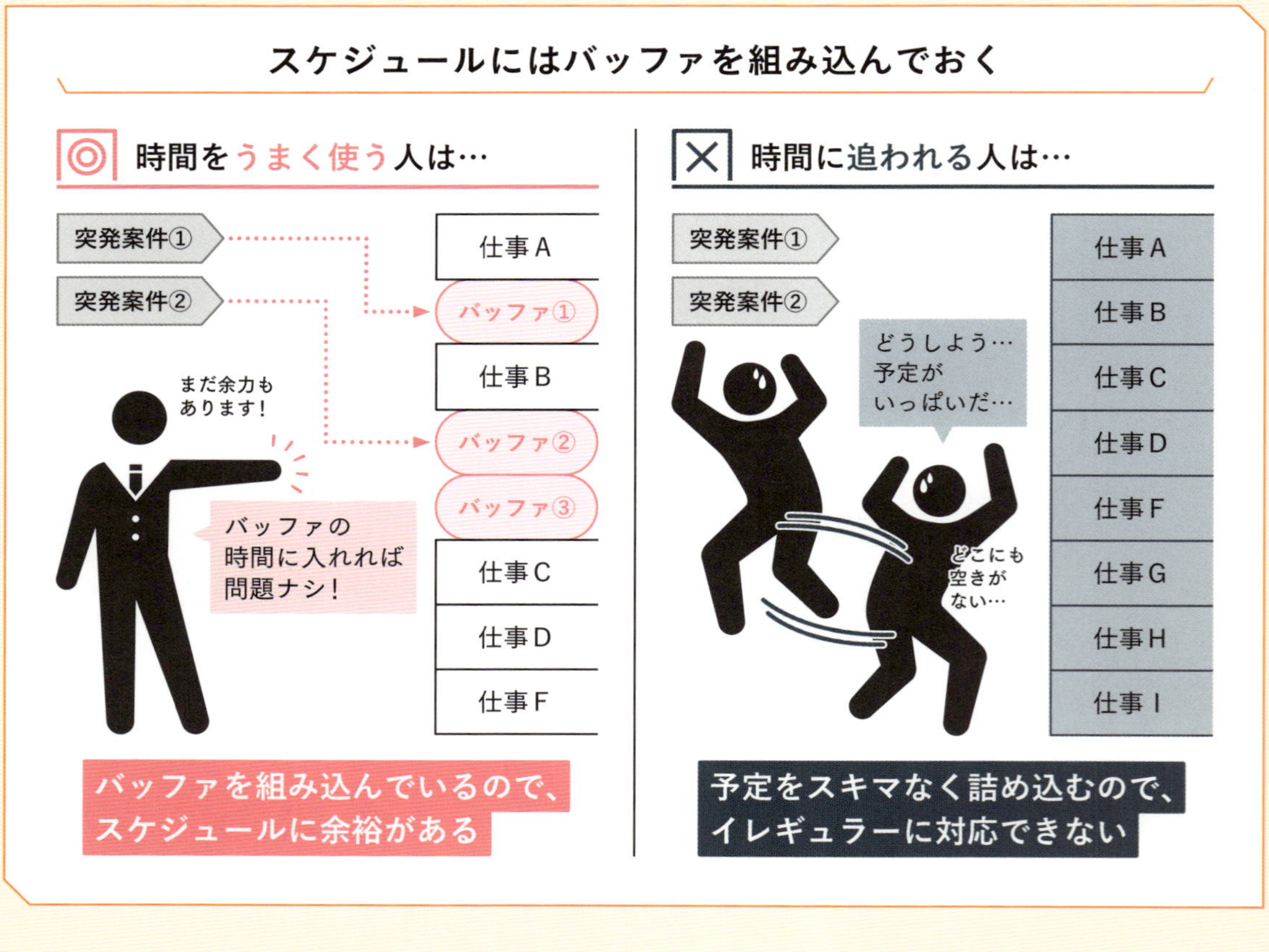
スケジュールにはバッファを組み込んでおく
時間をうまく使う人は…
突発案件①
突発案件②
仕事A
バッファ①
仕事B
バッファ②
バッファ③
仕事C
仕事D
仕事F
まだ余力もあります!
バッファの時間に入れれば問題ナシ!
バッファを組み込んでいるので、スケジュールに余裕がある
時間に追われる人は…
突発案件①
突発案件②
どうしよう…予定がいっぱいだ…
どこにも空きがない…
仕事A
仕事B
仕事C
仕事D
仕事F
仕事G
仕事H
仕事I
予定をスキマなく詰め込むので、イレギュラーに対応できない

バッファの取り方の例

① 仕事１コマ（15分）×３コマ＋予備15分＝60分

１コマ 15分	１コマ 15分	１コマ 15分	予備 15分

予定通りにできれば、予備の時間に自分のやりたいことを入れられる

② 仕事１コマ（15分＋予備５分）×３コマ＝60分

１コマ 15分	予備 ５分	１コマ 15分	予備 ５分	１コマ 15分	予備 ５分

１コマごとに余裕はあるが、１つの予備が小さく、じつは活用しにくい

トータルは同じでも、予備時間がまとまっていた方が活用しやすい

時間に余裕を持つと、心にゆとりができます。たとえば商談では、約束の時間にギリギリで間に合っても、心理的に焦っていれば、相手が優位な状態で始まってしまいます。待ち合わせの10分前に着く、その10分のゆとりは意外に大きいものです。

また、**時間に余裕を持つことは、物事にゆとりを持って丁寧に取り組めることはもちろん、アクシデントが起きたときやチャンスを逃さないためにも役立ちます。**チャンス・ロスを防ぐためにも、ラッキーが入る余白の時間を持ちたいものです。

バッファは1コマ単位で1つあると使いやすい

バッファの取り方は、２つあります。例として、「15分かかる仕事を、1時間で3つこなさなければならない」ケースで考えてみましょう。

①仕事1コマ（15分）×3コマ＋予備の15分＝60分

②仕事1コマ（15分＋5分予備）×3コマ＝60分

①のパターンは予備の時間をまとめて押さえる形、②のパターンは仕事1コマの中に小さく5分の余裕をつくる形です。どちらのやり方でも構いませんが、まとまった時間がある方が使いやすいでしょう。

まとまった時間で取る方は、あらかじめ時間を大きく確保しなければならないものの、突発的な仕事が入らず予定通りにできれば、このまとまった予備の時間に自分のやりたいことを入れられます。1つの仕事に余裕を持たせるパターンは、実行時に予備を使い切ってしまうことも多くなるでしょう。

スケジュールに余裕を持たせた方がよいことはわかっていても、タスクが多いと、どうしても詰め込んでしまいがちです。しかし、そうした予定の組み方は、ちょっとしたことで破綻しやすいものです。

数分の余裕があるだけでも動作を丁寧にできます。**5分、10分早く始めるだけで、ゆとりができ、バタバタすることを避けられる**のです。

物を取るときも100％ギチギチに入っているところからは取り出しにくく、スペースに3割ほどのゆとりがあれば、取り出しやすいですよね。時間を隅々まで使い倒そうとせず、余裕を持たせて、動きやすいスケジュールにしていきましょう。

14

時間をうまく使う人は

手帳とデジタルを使い分け、

追われる人は

ツールを持て余す。

アナログとデジタル、それぞれの利点を活かす

◎ 時間をうまく使う人は…

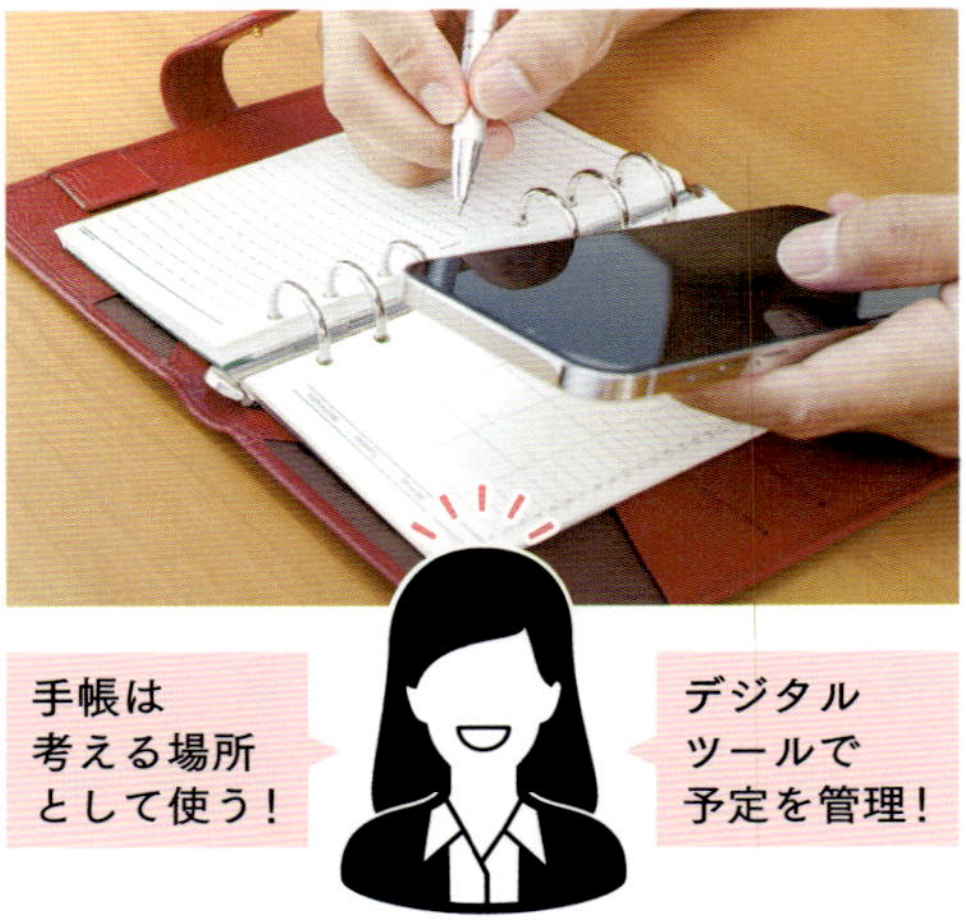

手帳は
考える場所
として使う！
デジタル
ツールで
予定を管理！

手帳とデジタルを使い分けて、
いいとこ取りをする

✕ 時間に追われる人は…

手帳に書くのが
面倒くさくて
もうやめちゃった…
あれ？
どのアプリに
入力したんだっけ？

手帳もデジタルも
ツールを管理できずに持て余す

デジタルツールとアナログのいいとこ取り

今やスケジュールは、Googleカレンダーなどのデジタルツールなしには考えられません。予定の変更やアラートも、簡単に設定できます。手帳に比べて記入できる量も格段に多いので、予定に付随する様々な情報を入れておくこともできます。それにもかかわらず、**デジタルとアナログ（手帳）を併用**する人が多いのはなぜなのでしょうか。

私たちは、普通に生活しているだけでも様々なことを気にかけていなければなりません。しかし、様々なことをいつも覚えておこうとすると、脳にも高い負荷がかかります。それを解決するのが、予定を覚えておくための外部記憶装置である、スケジュールツールなのです。

デジタルツールは、**自分からデバイスを開いて予定を見に行く「PULL型」**です。アナログの手帳やカレンダーに書かれたものは、**自然に目に入ってくる「PUSH型」**と考えられます。

アナログには、細かな記憶を思い出させてくれることや、一覧性の高

さ、記入の自由度があります。デジタルの情報量の多さと検索のしやすさ、PCとスマホとの同期も捨てがたいので、私は両方使っています。

両方を使う際の注意点は、**アポイントなどの予定はデジタルをメインにして一元化する**ことです。予定を決める際に複数を確認する必要があると、ダブルブッキングのリスクがあります。

手帳を「考える場所」として使うことがポイント

デジタルツールを「予定を管理する場所」として、手帳を「考える場所」として使うのが、時間をうまく使うためのコツです。

時間に追われる人には、ツールを活用せず付箋をPCに貼るだけ、または数日で手帳を書くのをやめてしまい続かない、という人も多いです。**手帳は、あくまで「目に見えない時間」の価値を上げるための手段**です。手帳を書くことに固執して時間をかけすぎると、逆に不自由になってしまいます。

また手帳は、**タスクの精査をするスペース**としても使うことができます。思いついたタスクをいきなり手帳の時間軸に入れるのではなく、手帳のToDoリストにいったんメモしておき、スケジュールを俯瞰しながらカレンダーにタスクを配置していく方法がおすすめです。

ToDoリストを「マスター」と「サブ」に分け、マスターには締め切りのないタスク（「やった方がよい」レベルや、いつかやりたいことなど）、締め切りが未定のタスクを記入し、サブには今月やるべきことを記入します。つまり、「今月やるべきこと」以外はすべてマスターにキープしておきます。

そして、サブに入れた「今月やるべきこと」をカレンダーに配置します。タスクが増えたらマスターに記入し、「今月やるべきこと」になったタスクは、サブに移します。

私は、仕事の「重要度（高）×緊急度（高）」と「重要度（高）×緊急度（低）」、「生活、家族用」と「自分用」の4つにタスクを分けています。

手帳の過去のページを見れば、今まで自分がやってきたこと、これまでの努力に気づくこともできます。**手帳とデジタルのいいとこ取り**をして、うまく活用していきましょう。

時間の価値を高める、手帳の活用方法

① 自分の目標に紐づいたやることをToDoリストに書き出す

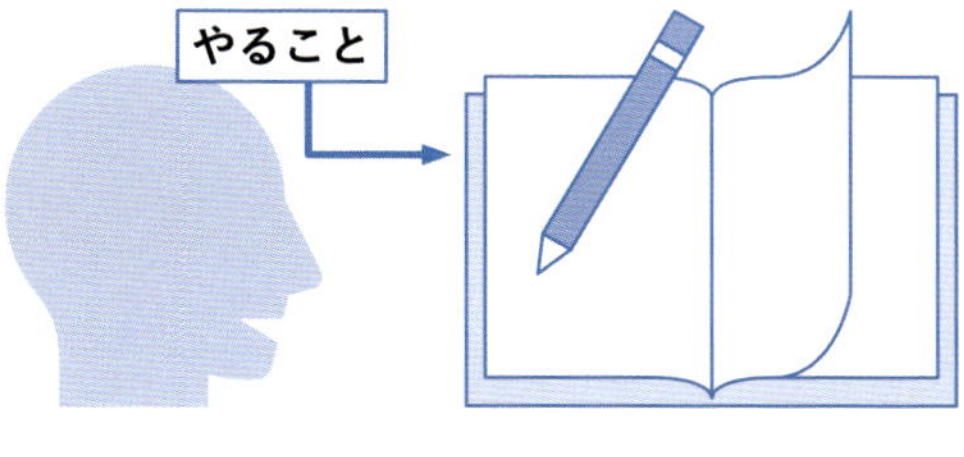

② ToDoリストは2つに分ける

- **マスター（年間リスト）**
締め切りのないタスク（「やった方がよい」レベルや、いつかやりたいことなど）
- **サブ（月間リスト）**
今月やるべきこと

毎月移す

③ タスクは区分けでも考える

仕事の「重要度（高）×緊急度（高）」
仕事の「重要度（高）×緊急度（低）」
「生活、家族用」
「自分用」

④ サブのタスクをカレンダーへ

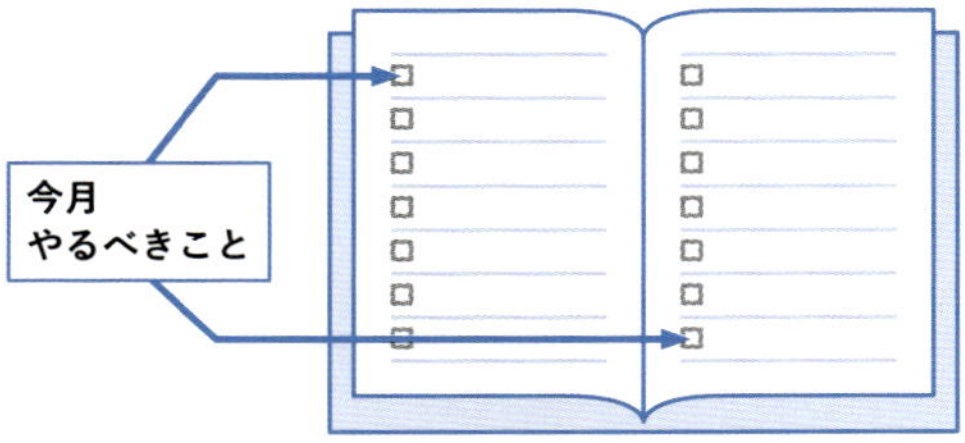

15

時間をうまく使う人は
ゴールから逆算し、

追われる人は
手当たり次第やる。

必要な作業と時間をゴールから逆算する

取りかかりやすい仕事から始めた結果、後から必要のない作業だったと気づいた経験はありませんか。

ソフトウェア開発や一部ビジネスの世界では、アジャイルに（変更があることを前提にスピーディーに）進めるやり方もありますが、日常のスケジューリングでは、**出口から逆算しなければ、ムダや取りこぼしが発生してしまいます。**

「計画なんてしている時間があったら、手を動かした方がいい」という考えから、手当たり次第に取りかかって、逆にムダな作業で時間を失ってしまう人もいます。

私も、企画案だけを出せばよかったにもかかわらず、提出の形を確認しなかったために資料を詳細まで作り込んでしまい、仕事がムダになったことがあります。

時間をうまく使う人は、**ゴールから逆算して、どれくらい時間をかけられるか、どんな作業が必要になるかを見積もってから取りかかります。**

この習慣を身につけておけば、仕事を引き受けるときも、「最低でもこ

ゴールから逆算して、時間を有効に使う

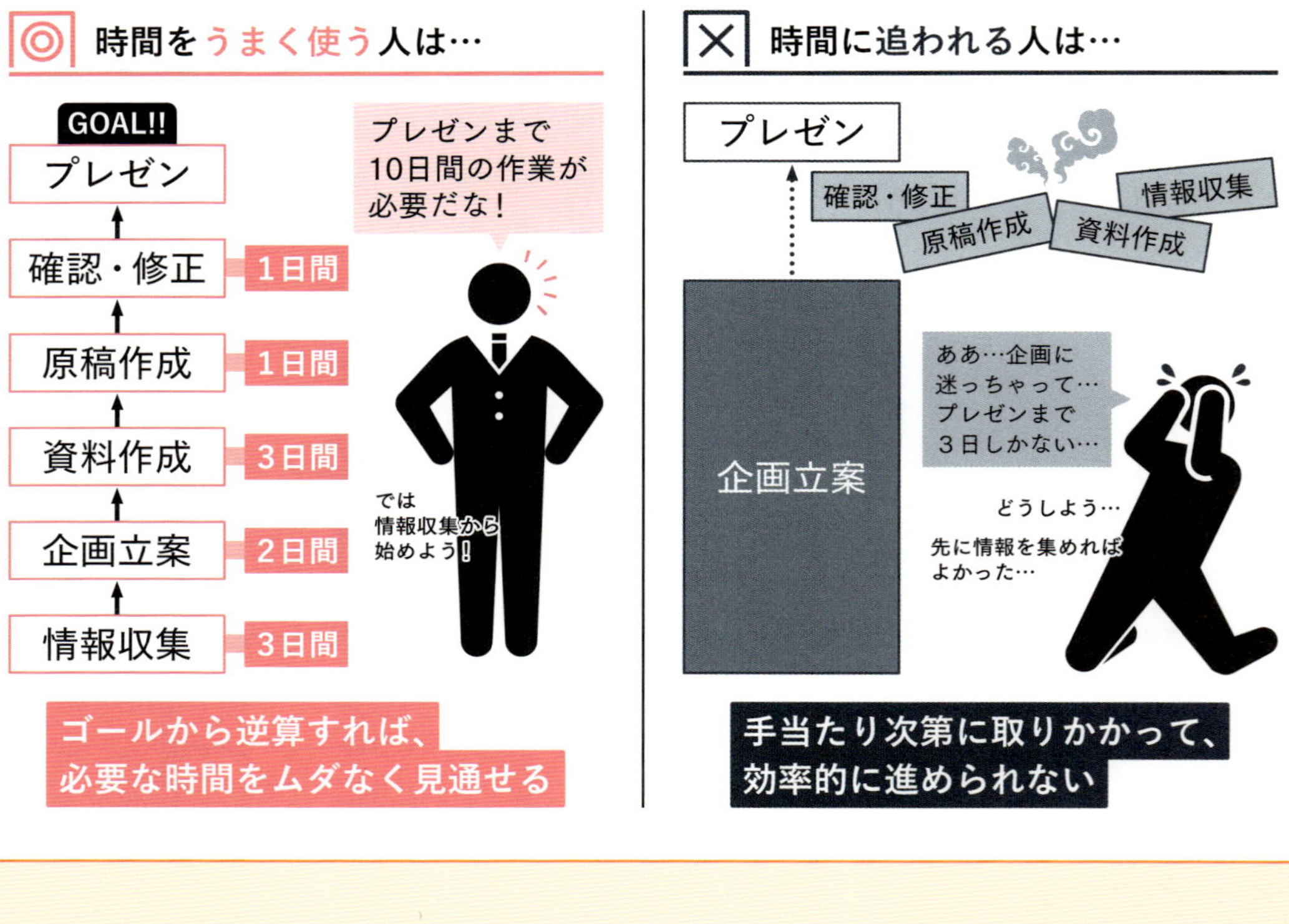

時間をうまく使う人は…
GOAL!!
プレゼン
確認・修正 1日間
原稿作成 1日間
資料作成 3日間
企画立案 2日間
情報収集 3日間
プレゼンまで
10日間の作業が
必要だな！
では
情報収集から
始めよう！
ゴールから逆算すれば、
必要な時間をムダなく見通せる
時間に追われる人は…
プレゼン
確認・修正
原稿作成
資料作成
情報収集
企画立案
ああ…企画に
迷っちゃって…
プレゼンまで
3日しかない…
どうしよう…
先に情報を集めれば
よかった…
手当たり次第に取りかかって、
効率的に進められない

締め切りは、10%前倒しに設定する

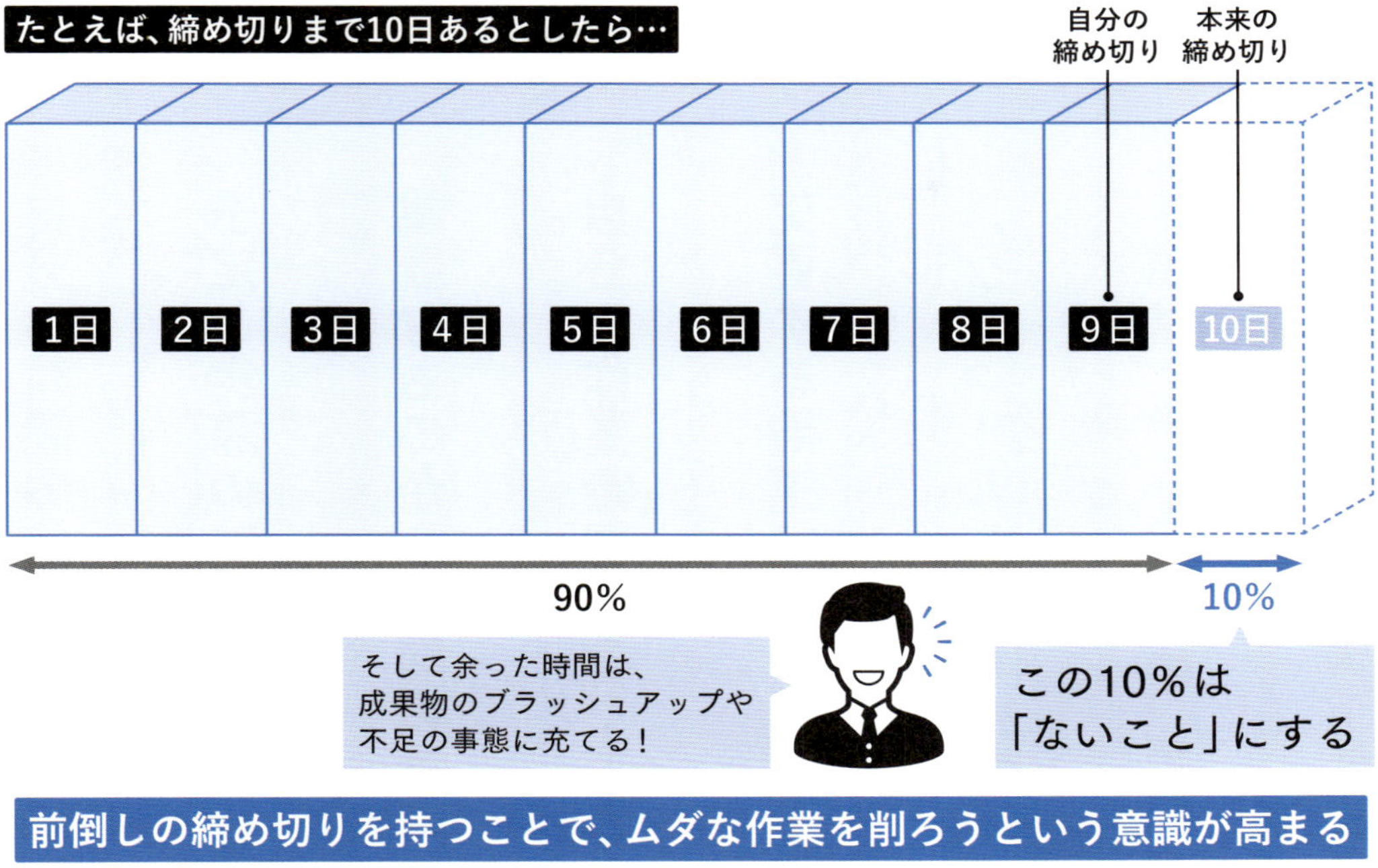

のくらいの時間が必要」ということがわかり、時間が足りなければ、あらかじめ締め切りの交渉を行うこともできます。

時間は資源ですから、できるだけ効率的に使いたいもの。ゴールである仕事の完成形、相手の期待値やQCD（質とコストと期限）を逆算してから取りかからなくては、ムダややり直しの手間が生まれます。

早めの締め切り設定で仕事に追われないように

ゴールから逆算して取り組むことが苦手な人は、**早めの締め切りを設定しておく**こともおすすめです。

日々時間に追われていたクライアントにお伝えした対策は、「**締め切りまでの時間の10%を、ないことにする**」という方法です。

たとえば、締め切りまで10日あるとしたら、最後の1日はないものとして、9日間で仕上げるのです。前倒しの締め切りを持つことで、ムダな作業を削ろうという意識が高まります。

さらに、「間に合わないかも……」という不安や焦りから解放されますし、余った時間を成果物のブラッシュアップに充てることもできます。

必要な作業を洗い出すことをせずに取りかかっていると、ムダな作業に時間を取られ、自分で自分を苦しめることになってしまいます。

何事にも、どんな作業が必要になるか、目的を踏まえ、どの作業にどのくらい時間を確保しておくべきかを考えてから取りかかることをおすすめします。

このときに、MUST（すべきこと）だけでなく、WANT（できればやりたいこと）のための時間も先回りして確保しておきましょう。

そうすることで、余裕を持たせたスケジューリングができますし、どうしても断れない突発の仕事が入ってきた場合やトラブルが発生したときの予備時間にもなります。

「仕事を追い立てよ。仕事に追い立てられてはならない」。アメリカの政治家、ベンジャミン・フランクリンの言葉です。

そもそもの目的を踏まえ、やるべきことを洗い出してから取りかかる。これを意識するだけでも、時間に追われる日々がどんどんラクになっていくでしょう。

CHAPTER 2 スケジュール管理編 まとめ

時間をうまく使う人は 自分の時間の使い方を可視化する！

時間をうまく使う人は 予定と実際の時間を照らし合わせ、見積もりの精度を上げていく！

時間をうまく使う人は 重要なものから時間の器に入れる！

時間をうまく使う人は 自分の作業時間や「ゴールデンタイム」を先にブロックする！

時間をうまく使う人は 変更する前提でスケジュールを組む！

時間をうまく使う人は スケジュールに余白を持ち、チャンスを逃さない！

時間をうまく使う人は 手帳は「考える」ため、デジタルは「予定管理」のために使う！

時間をうまく使う人は 使える時間と必要な作業を先に洗い出す！

CHAPTER 3

ムダとり・時短編

The Power of Habits will Change Your Life.

The Method of Get Control of Your Time and Life
-38 Habits of Improving Your Life

16

時間をうまく使う人は

相手の時間を先に押さえ、

追われる人は

希望通りのアポが取れない。

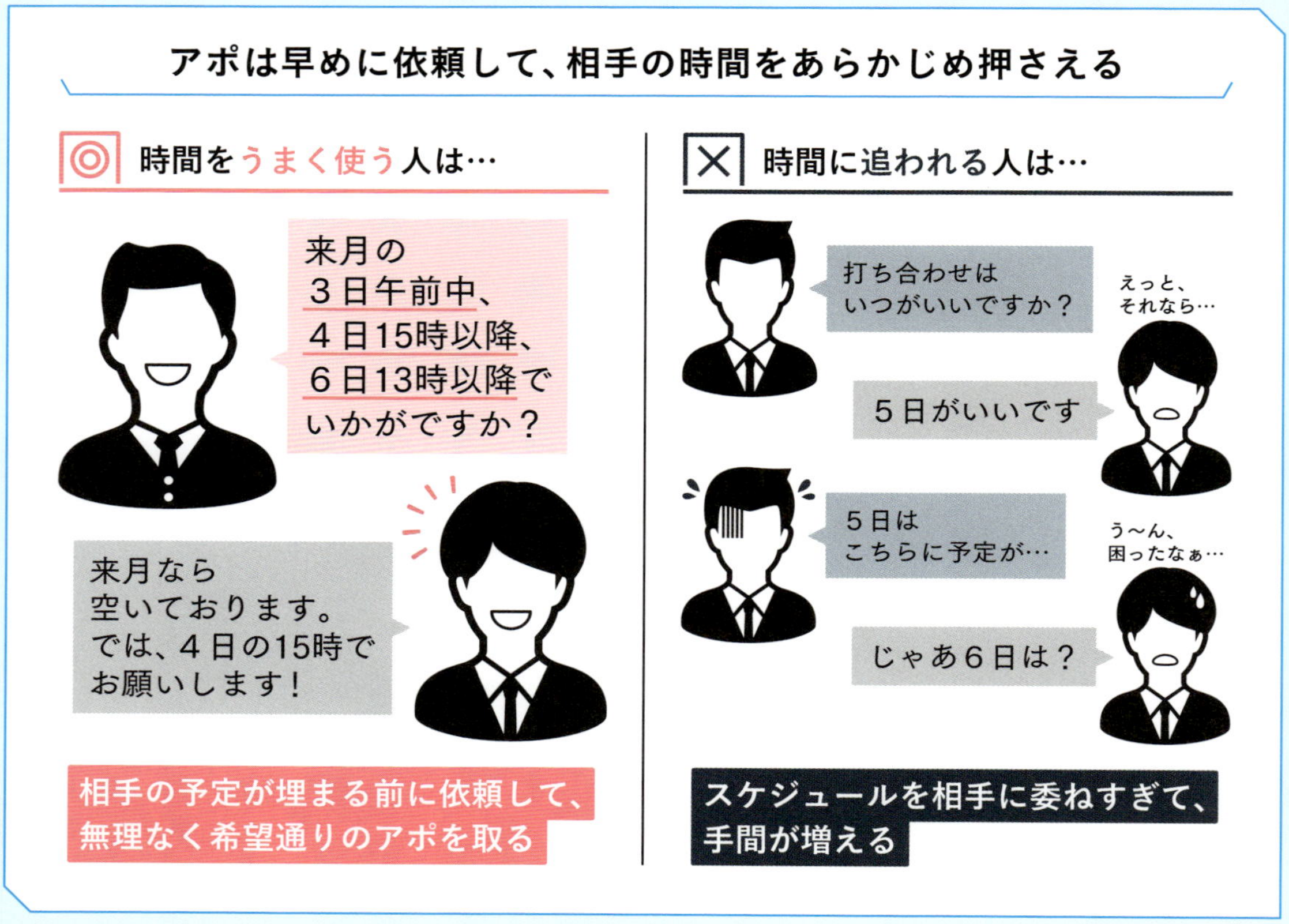

アポは早めに依頼して、相手の時間をあらかじめ押さえる
時間をうまく使う人は…
来月の3日午前中、4日15時以降、6日13時以降でいかがですか？
来月なら空いております。では、4日の15時でお願いします！
相手の予定が埋まる前に依頼して、無理なく希望通りのアポを取る
時間に追われる人は…
打ち合わせはいつがいいですか？
えっと、それなら…
5日がいいです
5日はこちらに予定が…
う〜ん、困ったなぁ…
じゃあ6日は？
スケジュールを相手に委ねすぎて、手間が増える

アポの依頼は早めに、候補を絞って出す

物事が予定通りにならない原因の一つに、人との時間調整があります。時間に追われる人は、近い日にちで相手との予定を入れようとするので、自分の希望のアポイントが取れません。相手もギリギリでアポの依頼をされると、予定を調整するのが難しくなります。

そうして、多忙な相手のスケジュールに合わせてアポが決まると、結果として相手の予定に振り回されることになります。

私は、**長期スパンで予定を組み、数週間前にアポを依頼して、相手の時間をあらかじめ押さえる**ようにしています。相手の予定が埋まる前に依頼するので、予定の調整で相手に無理をさせることもなく、こちらの希望通りのアポが取れるのです。

そして、日程を決めるときは、「いつがいいですか？」などと相手に丸投げするのではなく、**こちらから候補の日時を3つ以上渡します。**候補の日程を伝えずに相手にうかがう形だと、都合の悪い日時を指定された場合、「すみません。その日は……」

とムダなラリーが続くことになってしまうので、こちらからあらかじめ選択肢を伝えて、その中から相手に選んでもらうのです。

相手を立てるために、相手の都合の良い日時を先に聞きたい、と考える人もいますが、こちらから先に伝えた方が、お互いの負担も少なく決められます。

また、候補の日程は、こちらも空けておかなければなりませんから、「来週月曜日までにご返答いただけると助かります」などと締め切りを設定するのがおすすめです。そうすることで、日程を仮押さえしたまま、ムダに待つことが避けられます。

相手の作業時間を考慮して早めに依頼する

時間をうまく使う人は、**仕事を依頼する際にも、相手の作業時間を踏まえて早めに依頼します。**

「これ、申し訳ないけど、急ぎでお願い！」という依頼では、作業をしてもらえる時間が少なく、相手の他の作業にも支障が出てくるため、迷惑になる上にミスが起きる可能性も高まります。

突発で発生した優先度の高い仕事であれば、そのような依頼も仕方がないかもしれませんが、きちんとした仕事をしてもらうためには、相手のスケジュールに組み込んでもらいやすいよう、早めに頼むことが大切です。

また、**相手に忘れられないように、絶妙なタイミングでリマインドメールを出す**ことも予定をうまく進める上で効果的です。

私の仕事仲間のAさんは、オンライン会議のURLをメールで送る際に、さりげなく会議で話す内容や依頼事項に触れ、相手に準備をさせる時間を与えていました。準備する時間があるうちにメールを送るため、相手は予定を忘れていても気づくことができて、対応できるわけです。

アポの依頼も仕事の依頼も、早めにしておくことで自分の希望の日時に予定を入れやすくなり、依頼した仕事でミスが起きる可能性も低くなります。また、自分でスケジュールを決められると、コントロール感が増し、幸福度も上がります。

様々なメリットがありますので、**相手の時間を早めに予約する**という意識で進めてみてください。

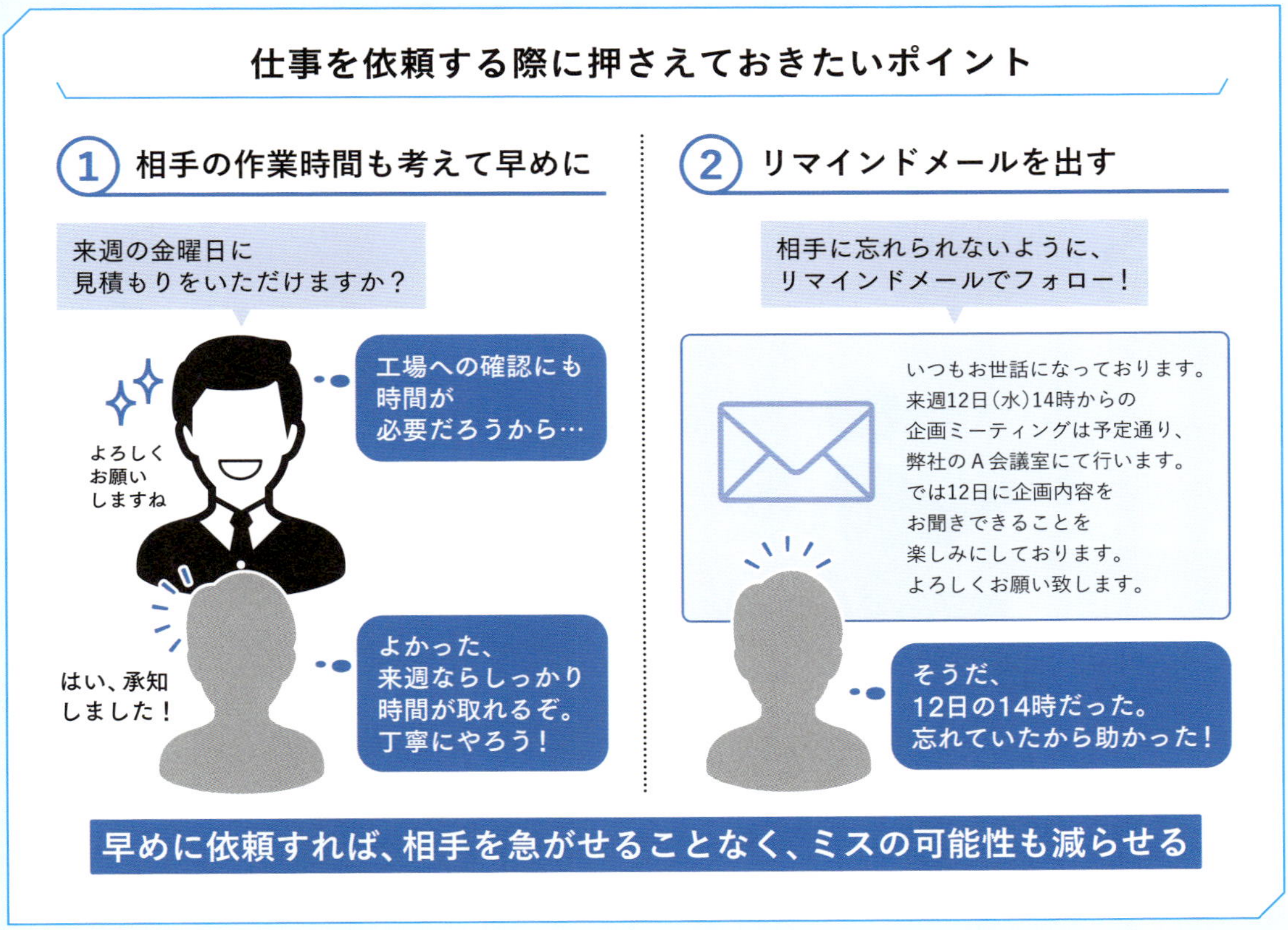
仕事を依頼する際に押さえておきたいポイント
① 相手の作業時間も考えて早めに
来週の金曜日に
見積もりをいただけますか？
工場への確認にも
時間が
必要だろうから…
よろしく
お願い
しますね
はい、承知
しました！
よかった、
来週ならしっかり
時間が取れるぞ。
丁寧にやろう！
② リマインドメールを出す
相手に忘れられないように、
リマインドメールでフォロー！
いつもお世話になっております。
来週12日（水）14時からの
企画ミーティングは予定通り、
弊社のA会議室にて行います。
では12日に企画内容を
お聞きできることを
楽しみにしております。
よろしくお願い致します。
そうだ、
12日の14時だった。
忘れていたから助かった！
早めに依頼すれば、相手を急がせることなく、ミスの可能性も減らせる

17

時間をうまく使う人は
スキマ時間を活用し、

追われる人は
スキマ時間を持て余す。

短い時間だからこそ、できることがある

あなたは、5分、10分のスキマ時間に何をしていますか？

予定の間の時間や待ち時間などの、**「スキマ時間」の価値**が高まってきています。スマホの普及によって、スキマ時間でできることが増え、サービスを提供する企業は、人のスキマ時間の奪い合いをしています。

電車の中では、多くの人がスマホを使ってニュースやSNS、仕事の連携アプリのチェック、読書やゲームなど、様々なことをしています。

このスキマ時間の使い方で、生産性にも差が生まれているようです。スキマ時間も、れっきとした自分の時間。短いようで、意外といろいろなことができるものです。

スキマ時間に、不思議と雑務がサクサク進んだ経験はありませんか？

その理由は、**短い時間だからこそ普段よりスピードを意識して取り組むことができ、直近の時間の締め切りがあるため、躊躇する暇なく着手できる**からです。

突然できた空き時間に、スキマ時間の特性を生かして、細かなタスク

スキマ時間の使い方で、生産性にも差が出る
時間をうまく使う人は…
10分あるなら、その間にメールの返信をやってしまおう！
14時までのスキマ時間にできることはこれだな
スキマ時間を有効に活用して、タスクを減らせる
時間に追われる人は…
…あれ？もしかして10分経った？
10分あるなぁ…何しようかな〜
やっぱり調べものかな〜
でもゲームをしてもいいかな〜
……………
何をするか迷って、スキマ時間を持て余してしまう

CHAPTER 3　ムダとり・時短編

「スキマ時間ができたらやること」リストの例

① 普通に取りかかると、時間がかかりそうな作業
メール返信、プレゼント選び、調べものなど

② わざわざ時間を確保するほどではないけれど、やらないと溜まる雑務
仕事場の掃除、デスクトップ整理、PCのバージョンアップなど

③ 時間ができたら、やりたいと思っていること
案件の資料をサクッと予習、人間ドックの予約な

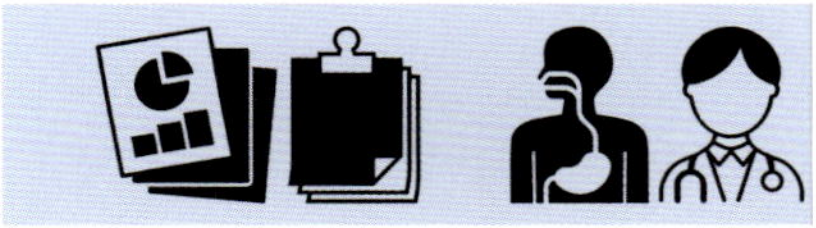

戦略的な利用方法です。

スキマ時間をうまく使うコツは、**準備をしておくこと**です。スキマ時間ができたときにやることを明確にしておきましょう。

短いスキマ時間に、「さあ、何しよう？」と考えるところから始めるのはもったいないので、読みたいものがあればカバンに入れておく、移動中に観たい・聞きたいものを決めておくなどの準備をしておき、スキマ時間を逃さず活用しましょう。

ただし、短い時間でできることが増えたとはいえ、大切な仕事は、中断されることのない、まとまった時間が取れるところで行うべきです。

だからこそ、**スキマ時間を使って雑務を減らし、まとまった時間には重要なタスクを入れましょう**。雑務のための時間をわざわざつくるのはもったいないです。雑務は、ながら作業や、ついでに作業で消化するのがおすすめです。

ただ、雑務であっても、「まとめて

18

時間をうまく使う人は

過剰品質の仕事をせず、

追われる人は

気が済むまでやりたがる。

完璧を求めすぎる必要はない

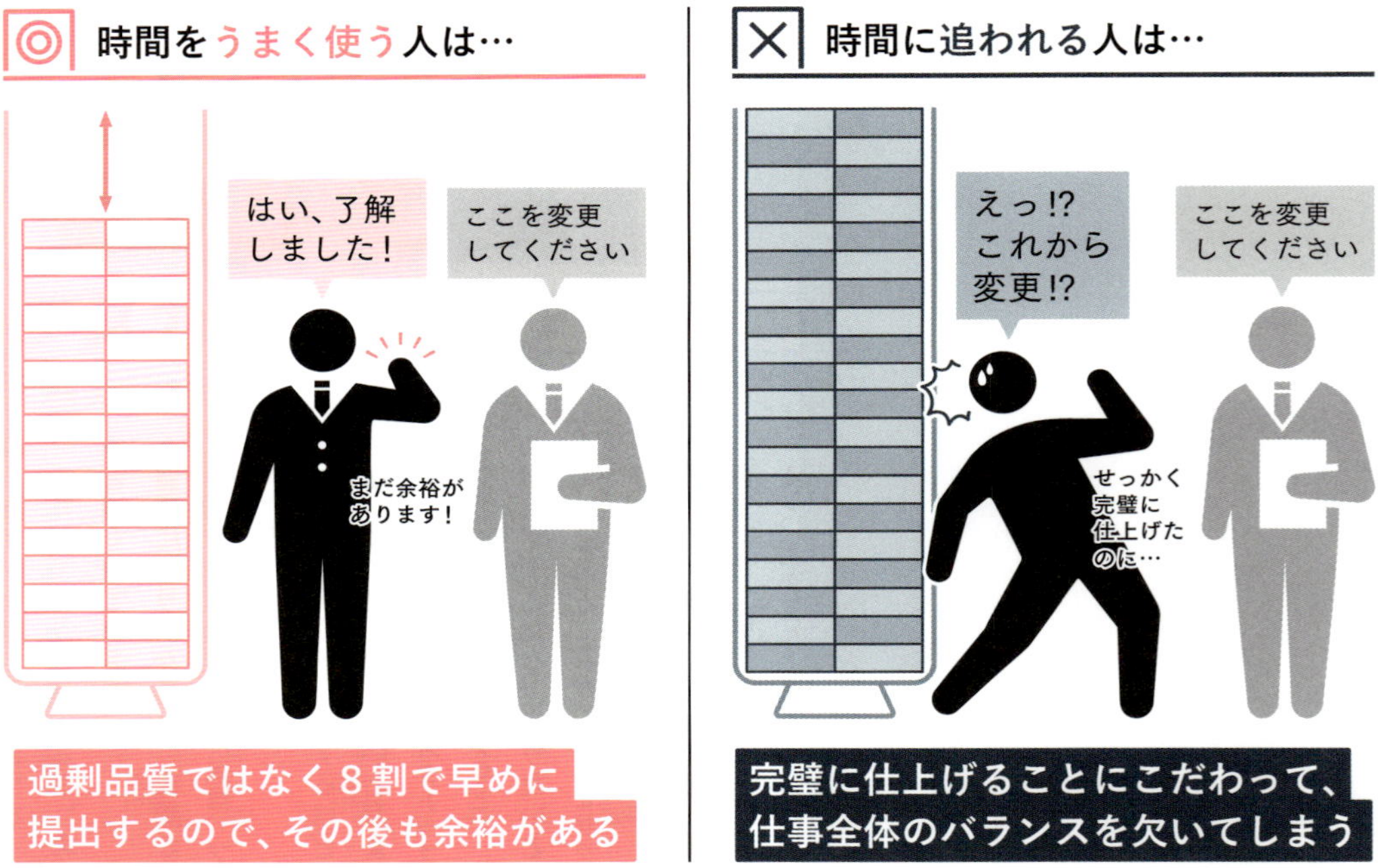

◎ 時間をうまく使う人は…
はい、了解しました！
ここを変更してください
まだ余裕があります！
過剰品質ではなく8割で早めに提出するので、その後も余裕がある
× 時間に追われる人は…
えっ!? これから変更!?
ここを変更してください
せっかく完璧に仕上げたのに…
完璧に仕上げることにこだわって、仕事全体のバランスを欠いてしまう

すべての仕事に全力投球は不要！

引き受けた仕事は、相手の期待を上回る仕上がりにしたいと思うものです。しかし、際限なくやっていると、他の仕事の時間がなくなります。

ですから、完璧にして出すもの、途中で何度か相手とすり合わせをして出すもの、8割程度のレベルをクリアしていればOKのものなど、内容によって区別したいものです。

時間内に完成させる範囲をはっきりさせておくと、完了したときに達成感が味わえます。**「Done is better than perfect.（完璧を目指すより、終わらせろ）」**とマーク・ザッカーバーグは言ったそうですが、この考え方はIT業界でなくても効果的です。

質の追求も大切ですが、質を追い求めるとキリがないときは、やめどきを決めて完了させなければ、それ以外の仕事全体のバランスを欠いてしまいます。時間内の完成予想図を決めて完了させていくと、完璧主義の人が陥りがちな、1か所に手をかけすぎることがなくなります。

クライアントに、丁寧に仕事をしすぎている人がいました。その人からのメールは情報量が多く、細かく配慮をされていることが伝わってきます。

しかし、すべての仕事にこのようなエネルギーを使っていたら、時間が足りません。そこで一度、**「支障のなさそうな仕事については、8割の完成度で終える」**というルールを決めてもらいました。その結果、そこまで質を高めなくても問題がないことがわかり、仕事に時間をかけすぎることがなくなったそうです。

ビジネスには、QCD（Quality：品質、Cost：コスト、Delivery：納期）のフレームワークがあります。質を高めるために時間をかけすぎるのは、コストを度外視した仕事の仕方です。重要な仕事のために、必要なら他の仕事のコストを減らすなど、大局的に考えることが大切です。

8割の完成度で早めに提出するメリットには、**ミスを早期発見でき、修正が必要な場合にも余裕を持って対応できる**ということもあります。

私も、ある企画のたたき台を作り込みすぎてしまい、「変更になるから、ここまでしなくてもよかったのに」と言われたことがあります。早めに提出して相手とすり合わせしていれば、ムダなコストを減らし、過剰品質になることが避けられたでしょう。

すり合わせができていれば、完璧ではなくても大丈夫

あるセミナーで、経済評論家の勝《かつ》間《ま》和《かず》代《よ》さんに「圧倒的な努力もされていると思いますが、どのように子育てと仕事の両立をされているのですか？」と質問をさせていただいたことがあります。

すると、勝間さんは「仕事も子育てもしているなら、完璧は無理ですよね。でも仕事が70％、子育てが70％だとしても、合計１４０％なんだから、いいじゃないですか」と言ってくださいました。その言葉を聞いて、すべて完璧でなくてもいいのだと目から鱗が落ち、一気にラクになったのを覚えています。

すべてを完璧にこなさなければと考えている人には、**70％でも十分だ**と伝えたいと思います。もちろん、迷惑がかからないよう、相手の期待値と揃えておく必要はあります。

すべて完璧を目指すのではなく、あらかじめ合格ラインを決めるなどして全体のバランスを取りましょう。

私が心を打たれた、勝間和代さんの言葉

仕事も子育てもしているなら、**完璧は無理**ですよね。

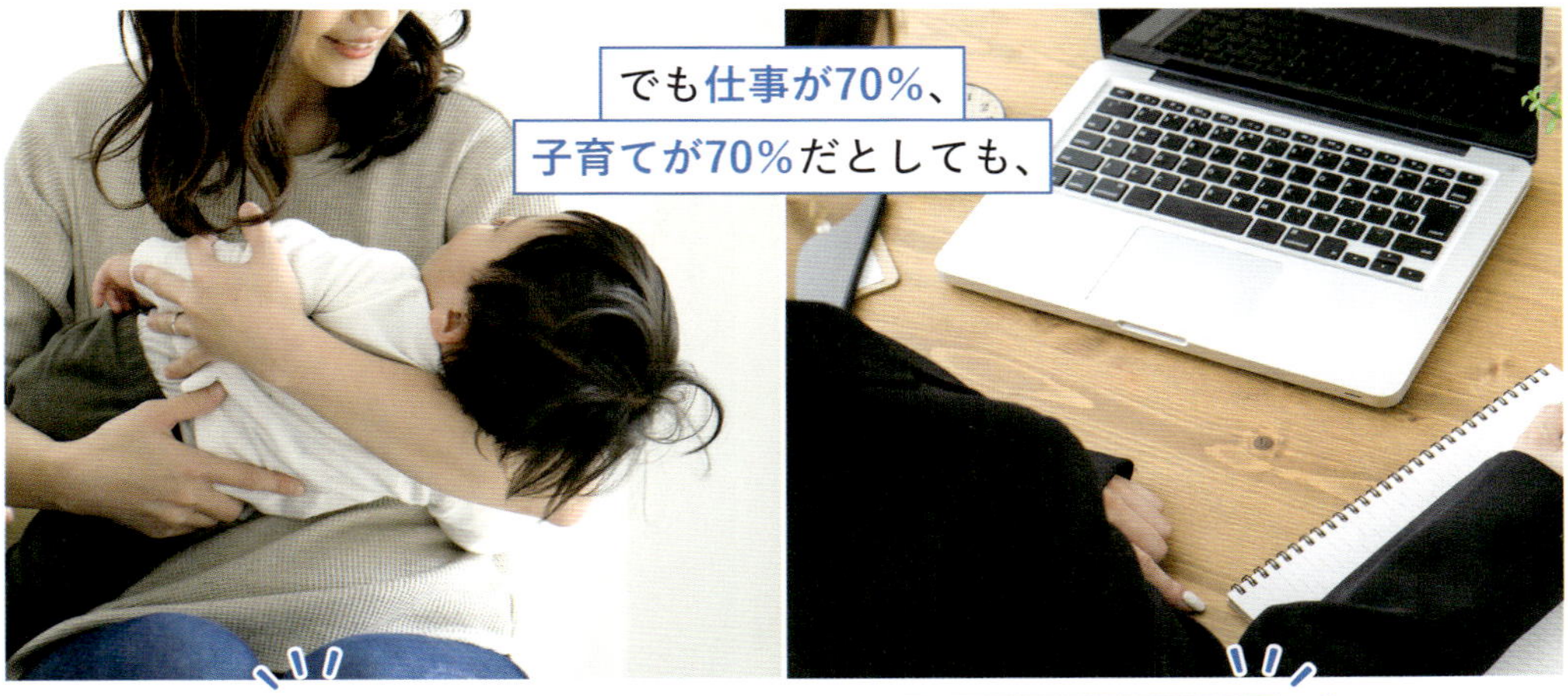
でも仕事が70%、
子育てが70%だとしても、

合計140%なんだから、いいじゃないですか

すべて完璧でなくてもいいのだと目から鱗が落ち、一気にラクになった！

19

時間をうまく使う人は

着手のスタートが早く、

追われる人は

助走が長い。

自分の癖を把握して、素早く取りかかる

何かを始めるとき、スタートが遅いと途中でダッシュしなければいけなくなりますし、最後は予定通りに終わらず、帳尻合わせをしなければならなくなります。

やり方がわからない仕事や苦手な相手との仕事は、自分のエネルギーが大きく削られ、気が重いものです。そんなとき、私たちは**逃避行動**をしてしまいます。普段やらないような片づけなど、別のことをやりたくなってしまい、着手が遅れるのです。

オフィスでコーヒーを淹れて、立ち話をし、トイレに行き、ネットでニュースを見て、メールをチェックするという長いルーティンをこなしてからでないと、仕事のスイッチが入らないという人もいました。

このようなアイドリングが長すぎる人は、それらの行動をしているとき、**「自分は逃避行動をしている」ことを意識してみましょう。**すると、時間が取られていることに気づけます。自分の癖を把握しておくためにも、ぜひやってみましょう。

また、**取りかかってみたら、案外**

スモールステップで向き合えば、着手しやすくなる

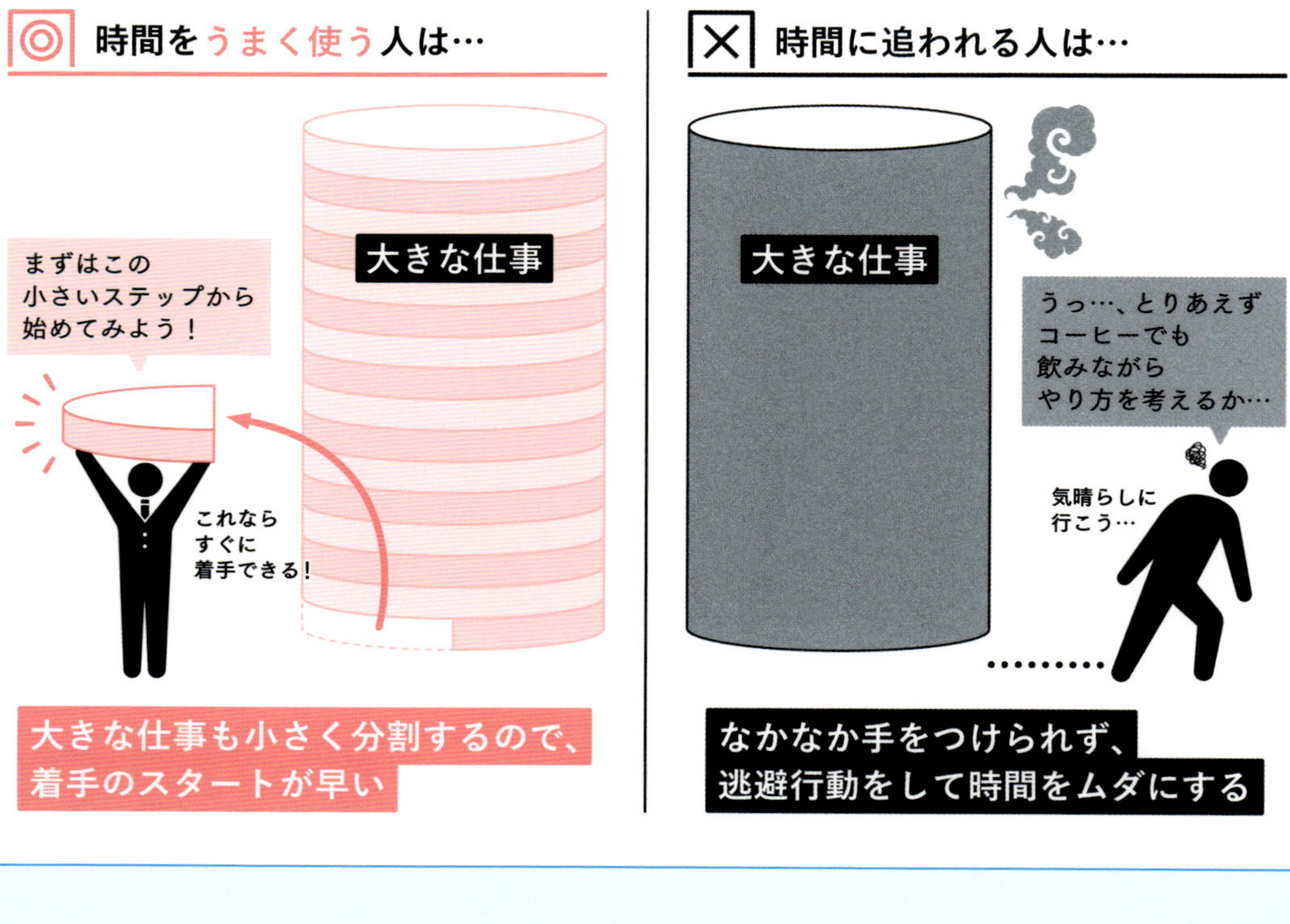

時間をうまく使う人は…
大きな仕事
まずはこの
小さいステップから
始めてみよう！
これなら
すぐに
着手できる！
大きな仕事も小さく分割するので、
着手のスタートが早い
時間に追われる人は…
大きな仕事
うっ…、とりあえず
コーヒーでも
飲みながら
やり方を考えるか…
気晴らしに
行こう…
なかなか手をつけられず、
逃避行動をして時間をムダにする

自分の「やる気スイッチ」を入れる方法の例

① 「5分経ったらやめていい」ルール

たとえばファイルを開くだけ、全体の流れを考えるだけなど、5分間だけと決めて取りかかる。取りかかってみると、意外と弾みがついて続けたくなる。

② 「遠足の前の日作戦」

前日から計画・準備をして、翌朝スタートダッシュできるようにしておく。遠足のようにワクワクとまではいかなくても、計画が助走を短くしてくれるので、取りかかりやすいマインドセットにすることができる。

③ 「やる気と集中力が高まるルーティン」

スポーツ選手のように、特定のルーティンをつくる。ある意味、自己暗示だが、いつもの場所に座ったら仕事モードに入れる、ある音楽でやる気が出る、などを決めておく。

自分の動かし方を知り、スタートを早くして自分をラクにしていこう

大変ではなかったということも結構ありますので、少しでも早く着手することが大切です。

時間をうまく使う人は、**大きな仕事も小さく分割して、スモールステップで向き合います。**アフリカの格言に「ゾウを食べるなら一口ずつ」とあるように、何でも分割すると取りかかりやすくなります。

「やり方を調べる」、あるいは「調べ方を調べる」程度のスモールステップでも、フリーズして動けないよりずっとマシです。一歩でも動いてみれば、どこにスキル不足、経験値不足があるのかがわかり、問題解決のために進みやすいものです。**不安は要素分解してから進みましょう。**

自分にスイッチを入れる方法をつくっておく

自分を動かす方法として、**「5分経ったらやめていい」ルール**を使うのもおすすめです。ファイルを開くだけ、全体の流れを考えるだけなど、5分間だけと決めて取りかかります。取りかかってみると、意外と弾みがついて続けたくなります。

大事な仕事だからこそ、腰を据えて取り組むため、「自分の頭の回転が良いときにやりたい」という理由で、着手を後回しにする人もいます。しかし、そんなベストタイミングはいつ来てくれるかわかりません。

自分でその状態に持っていった方が早いですから、**やる気に火をつける手段**を持っておきましょう。

私は**「遠足の前の日作戦」で、前日から計画・準備をしておき、翌朝スタートダッシュできるようにしています。**計画が助走を短くしてくれるのです。遠足のようにワクワクとまではいかなくても、準備しておくだけで、取りかかりやすいマインドセットにすることができます。

さらに、あらかじめしっかりと準備をしておくことで、横道に逸れてしまうことも少なくなります。

スポーツ選手のように、動作をするうちに**「やる気と集中力が高まるルーティン」**をつくることもおすすめです。ある意味、自己暗示ですが、いつもの場所に座ったら仕事モードに入れる、ある音楽でやる気が出る、などを決めておくのです。

自分の動かし方を知り、スタートを早くして自分をラクにしていきましょう。

20

時間をうまく使う人は
手の引きどきを考え、

追われる人は
最後までやろうと考える。

「一度始めたら最後までやるべき」という考えは手放そう

◎ 時間をうまく使う人は…

向こうはやめて、
こっちに取り組もう！
スパッと
切り替え!!
ここを
掘り続けても
意味がない！
1つのことにこだわりすぎず、手の引きどきを判断する
☒ 時間に追われる人は…
まだ意味のないことを
やってるんだ…
やめたら
もったいない…
最後まで
やらないと…
せっかく
ここまで掘った
のだから…
「最後までやろう」とこだわって、ムダなことまで惰性で続ける

始めたからといって、やり遂げなくてもよい

やりたいことを全部やろうと欲張ると、当然、時間は足りません。試しに自分のやりたいこと、やるべきことを、手帳の時間枠などにすべて入れてみてください。きっと24時間からあふれると思います。ですから、どこかで線引きが必要なのです。**「一度始めたら最後までやるべき」という考えは、手放しましょう。**

子どもの頃は「最後までやり遂げなさい」と教えられることが多かったと思いますが、ムダなことまで惰性でやっているなら、時間のムダ以外の何物でもありません。

お客さんがよく入っているファストファッション店の店員さんは、陳列棚の服を約7割たたんだら、次の棚の整理に移るそうです。完璧にしても、数秒後にはお客さんが手に取り、また整理する作業が発生し、キリがありません。約7割できていれば、それほど乱れているようには感じられないので、1か所にこだわらず、全体を整えていきます。

これは、私たちの時間の使い方でも参考になると思います。**そもそも**

の目的を考えて、手の引きどきを判断するべきではないでしょうか。

行き詰まったら、いったん離れてみる

考える作業にも行き詰まったら、他のことに移った方がよい場合もあります。いったん中断することで、脳のひらめきを期待するイメージです。脳のDMN（デフォルト・モード・ネットワーク）は、無意識のときに働くため、休憩中や他のことを考えているときにアイデアがひらめくそうです。

仕事に行き詰まり、そのときには解決策が見つからなかったとしても、**一度離れてみることで解決の糸口が見えてくるかもしれません。**

「ここまでやった以上、もうやめるわけにはいかない！」となることを、コンコルド効果（サンクコスト効果）といいます。超音速ジェット機コンコルドも、英仏で一縷《いちる》の望みをかけて開発が続けられていましたが、多くの損失を出し、最終的には撤退しました。**これ以上続けたらムダになるとわかっているならば、思いきってやめた方がよい**のです。

やっかいな人との付き合いも、関係性を切っても支障が少ないなら、フェードアウトしてよいでしょう。自分を守る行動をして、被害を最小限に抑えることも必要です。「一度口にした以上、やらねば」という考えに縛られる必要はありません。

時間をうまく使う人は、**今までのやり方をスパッとゼロに戻すことを恐れません。**全体を俯瞰して、手の引きどきを判断します。

思い切ってやめて、**取り組む行動を絞り込んだ方が、リソースを集中できます。**

私も、面白くない本でも「最後まで読むべき」という考えや、難しい本も「理解できるまで読み込む」というルールを持っていましたが、「すべてきっちり読まなければいけない」の思い込みを手放したことで、読書のスピードも上がり、気軽に読書ができるようになりました。

「やるべきこと」と「やった方がいいこと」には、大きな開きがあります。「やった方がいいかも」のレベルのものは、おそらくやらなくても支障がないでしょう。自分が本当にやるべきことに集中した方が、成果を出すことができます。

自分が本当にやるべきことに集中した方が、成果が出る

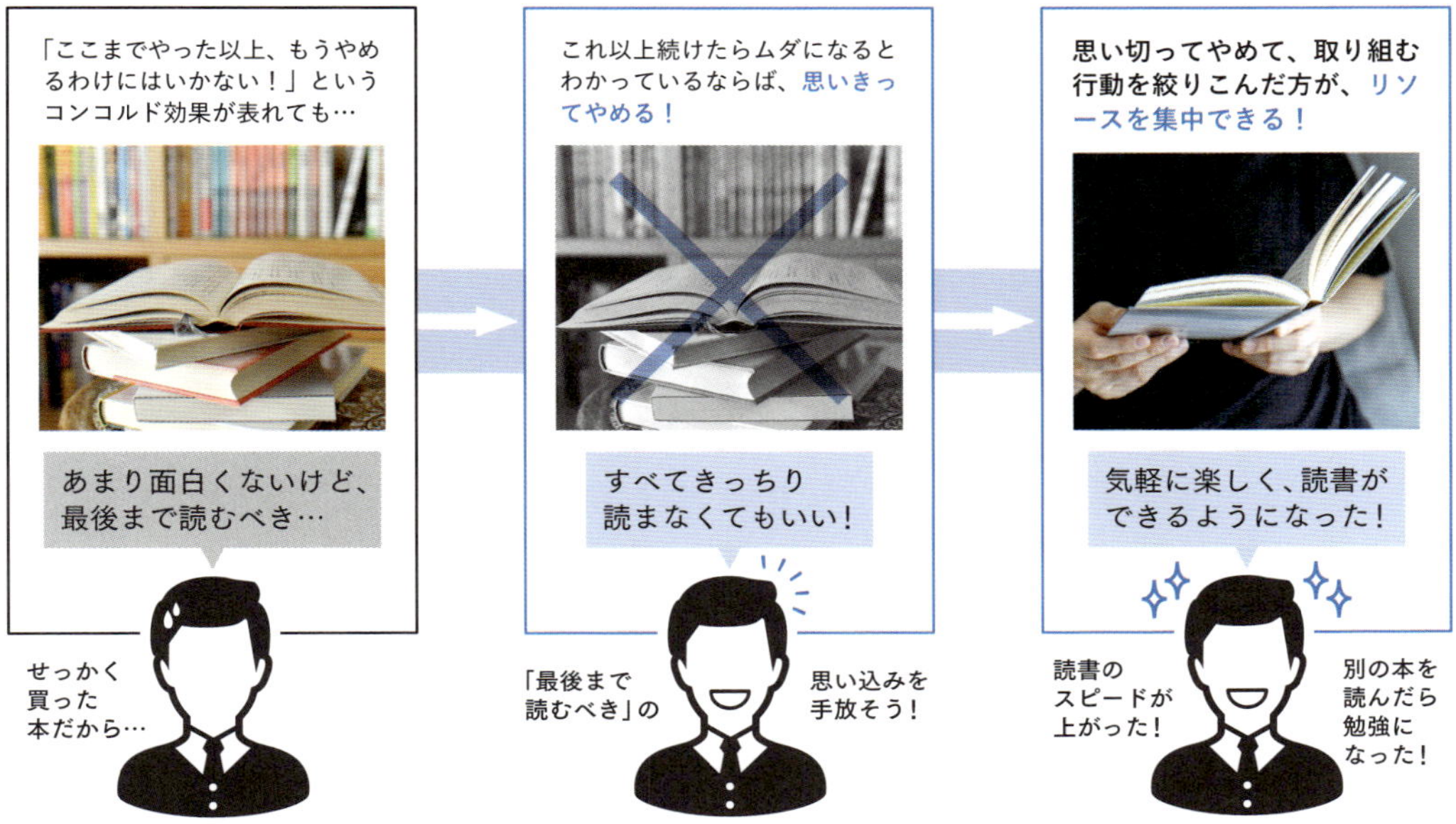
「ここまでやった以上、もうやめるわけにはいかない！」というコンコルド効果が表れても…

あまり面白くないけど、最後まで読むべき…

せっかく買った本だから…

これ以上続けたらムダになるとわかっているならば、思いきってやめる！

すべてきっちり読まなくてもいい！

「最後まで読むべき」の
思い込みを手放そう！

思い切ってやめて、取り組む行動を絞りこんだ方が、リソースを集中できる！

気軽に楽しく、読書ができるようになった！

読書のスピードが上がった！

別の本を読んだら勉強になった！


ルールや思い込みを手放して、「思い切ってやめる」ことも考えてみよう

21

時間をうまく使う人は
スマホを使いこなし、

追われる人は
スマホに使われる。

スマホに多くの時間を奪われている

スマホは、現代の生活では手放せない便利なツールです。ただ、スマホのメリットをうまく得られる人と、悪影響を受けてしまう人がいます。

しかもスマホには、**悪影響とわかっていてもやめられない中毒性**があることも厄介です。スマホに依存すると、多くの時間を奪われるだけでなく、睡眠障害や仮性近視、脳の萎縮など、健康面にも影響が出てしまいます。

『スマホ脳』（アンデシュ・ハンセン著）によると、私たちは1日に2600回以上スマホを触り、平均10分に1回はスマホを手に取っているそうです。

また、令和5年のこども家庭庁の調べによると、インターネットを利用する1日の平均時間は高校生で6時間14分になりました。

スポーツの部活動で全国大会に出場し、学業においても偏差値の高い文武両道の学校では、学生も時間が限られているからこそ、**自分の時間の使い方を考え、自らムダを排除しようとする意識が高い**ようです。

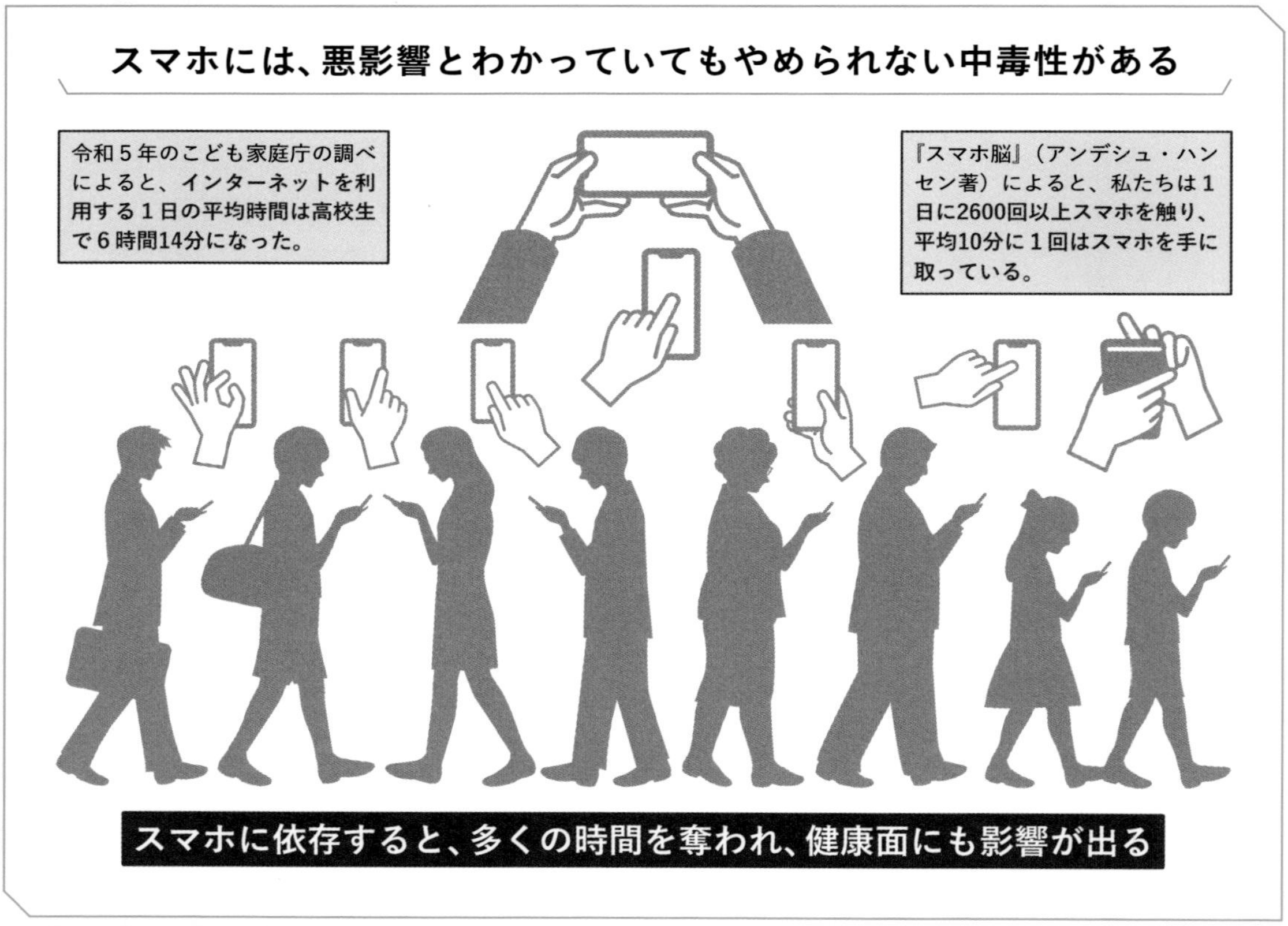

スマホには、悪影響とわかっていてもやめられない中毒性がある
令和５年のこども家庭庁の調べによると、インターネットを利用する１日の平均時間は高校生で６時間14分になった。
『スマホ脳』（アンデシュ・ハンセン著）によると、私たちは１日に2600回以上スマホを触り、平均10分に１回はスマホを手に取っている。
スマホに依存すると、多くの時間を奪われ、健康面にも影響が出る

スマホは自制して使いこなそう

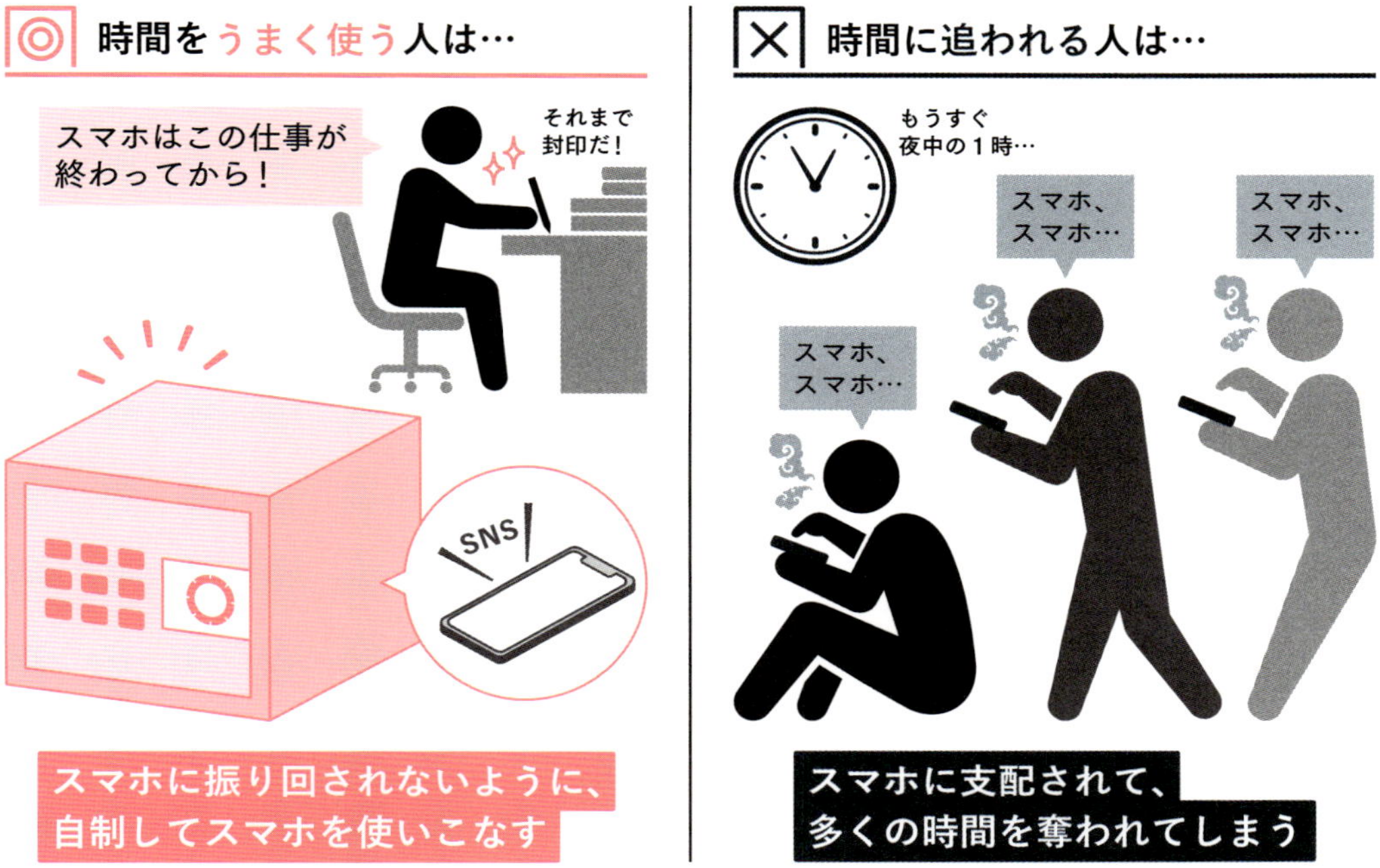

時間をうまく使う人は…
スマホはこの仕事が終わってから！
それまで封印だ！
SNS
スマホに振り回されないように、自制してスマホを使いこなす
時間に追われる人は…
もうすぐ夜中の１時…
スマホ、スマホ…
スマホ、スマホ…
スマホ、スマホ…
スマホに支配されて、多くの時間を奪われてしまう

部活動の練習後のグラウンド整備も、走りながら短時間で終わらせ、スマホの使用も自分たちで制限しています。セルフコントロールを学ぶことができる環境なのです。

自制できる人は、社会的にも成功し、幸せになっていることがわかっています。スタンフォード大学で行われたマシュマロ実験は有名です。マシュマロを15分間食べないよう指示をされた子どもを、その後30年にわたって追跡した研究です。

指示通りに我慢できた子どもたちは、その後、学業にも優れ、犯罪歴も少なく、経済的レベルも高いことなどがわかりました。その後、経済的要因なども考慮され、この実験結果は限定的だとする研究もありますが、自分を律することは成功のための重要な要素です。

マイルールを設定してスマホを使う

SNSなどのコミュニケーションツールを使っている人は多いと思います。

悩みのある人が、SNSのつながりによって救われることもあり、素晴らしい発明だと思います。しかし、SNSは承認欲求を強くしてしまう面もあり、のめり込みすぎないことが大切です。また、情報収集や動画・ゲームも際限なく続けてしまわないよう、注意が必要です。

時間をうまく使う人は、**使用する時間を制限するなど、マイルールを設定してスマホを使っています。**

スマホに時間を使いすぎていないか、一度見直してみましょう。**一つのことに時間を取られると、どこかにしわ寄せが行き、何かの時間が削られてしまいます。**

しかし、削ってはいけない時間があります。それは、自分のメンテナンスの時間とコミュニケーションの時間です。自分のメンテナンスとは、睡眠や食事、運動など健康のために必要なことです。そして、コミュニケーションの減少は、関係性の低下を招いてしまいます。

一度、スマホのスクリーンタイムを見てみてください。使用したアプリごとに時間が出るので、自分が意図的に使っているか、スマホに釣られて使っているかがわかります。

スマホに振り回されるのではなく、自分の意志を持って活用しましょう。

CHAPTER 3 まとめ

ムダとり・時短編

時間をうまく使う人は
アポイントも仕事も、相手の時間を早めに予約する！

時間をうまく使う人は
スキマ時間に雑務や細かなタスクを消化する！

時間をうまく使う人は
力の入れどころと抜きどころのメリハリをつける！

時間をうまく使う人は
早く始めて、早く終わらせる！

時間をうまく使う人は
途中できっぱりやめることもいとわない！

時間をうまく使う人は
道具に自分の時間を奪わせない！

CHAPTER 4

効率アップ編

The Power of Habits will Change Your Life.

The Method of Get Control of Your Time and Life
-38 Habits of Improving Your Life

22

時間をうまく使う人は

段取りに時間をかけ、

追われる人は

段取りを立てる手間を惜しむ。

段取りを立てておくと、スムーズに事を進められる

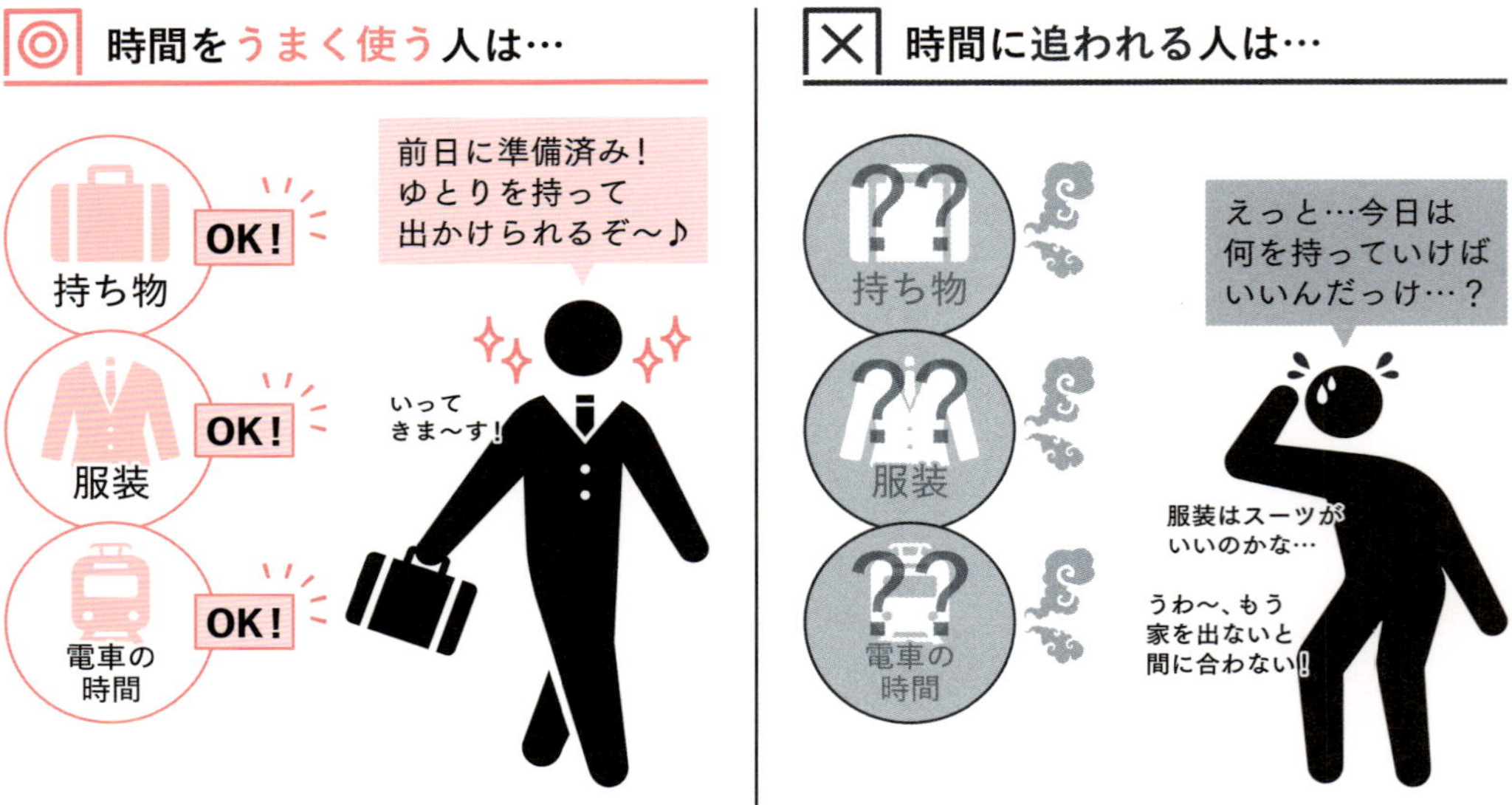

時間をうまく使う人は…
持ち物
OK！
服装
OK！
電車の時間
OK！
前日に準備済み！
ゆとりを持って
出かけられるぞ〜♪
いってきま〜す！
時間に追われる人は…
持ち物
服装
電車の時間
えっと…今日は
何を持っていけば
いいんだっけ…？
服装はスーツが
いいのかな…
うわ〜、もう
家を出ないと
間に合わない！

先を予想して段取りを立てて動くので、ムダがない

段取りを立てていないので、ムダな時間を使ってしまう

段取りを立てておくとムダがなくなる

会議前に資料準備が終わらず焦る、残業時間が減らない、何をするか考えているうちに休日が終わってしまう……。これらは、すべて段取り不足が関係しています。

時間をうまく使う人は、**段取り良く短時間で成果を上げます。**しかし、時間に追われる人は、場あたり的に動き、大量の時間を使って力技でやることになってしまいます。

「段取り」とは、簡単に言うと**先を読んで動いておくこと**です。段取りを立てておくと、スムーズに事を進めることができ、心にもゆとりが生まれます。思いつくまま取りかかると、「あれを忘れてた！」「こっちを先にやるんだった！」と引っかかり、スムーズに進みません。

時間をうまく使う人は、**小さなことでも先を予想して段取りを立てて動くので、ムダがありません。**

たとえば私は、出かける前日に持ち物や服装、電車の時間をチェックしておきます。また、服を買に行くときは、先に手持ちの服を確認しておきます。

仕事の場合は、相手先へ訪問する前にリマインドのメールを入れる、実行前に計画を社内に周知する、資料を読み込む前に大枠を理解しておく、などを意識して行っています。

段取りを立てることには、主に5つのメリットがあります。

①迷う時間が削減できる
②リスクを避けられる
③時間を効率良く使える
④ムダを省ける
⑤相手の負荷を減らせる

質を高め、時間を効率的に使うためには、準備や心づもりが重要です。先を予想するといっても、棋士のように20手も先を読むのではなく、**次とその次くらいの先を、何をするときでも読む癖をつける**のがおすすめです。

少しの時間の投資が大きな費用対効果を生む

アメリカの経営コンサルタントのアイビー・リー氏が、クライアントに伝授した仕事術は、「明日やるべき重要な仕事を6つ書き出し、重要な順番から手を付けよ」というものでした。シンプルですが、6つを決める段階で数ある仕事の中から取捨選択し、順番を決めるので、段取りを立てて仕事を進められます。

この6つという数は、ミラーの法則のマジックナンバー（人が短期記憶できる数）7±2に近いので、そう設定したのではないかと思います。

必ずしも6つではなく、**1日の半分の時間でできる数**を目安に考えてもよいかもしれません。8時間の業務時間であれば、4時間でできる数を毎日の目標としておくと、質問や雑用、新規案件対応などが割り込んでも対応できます。数は自分の仕事に合わせて決めるとよいでしょう。

段取りを考える時間も惜しい、その間に少しでも仕事を進めて早く帰宅したい、という人もいます。しかし、**段取りを立てる時間は「時間の投資」**です。**毎日5分、週末15分のスケジューリングの時間を持つだけで、その時間の何倍もの費用対効果が期待できます。**

段取りが機能すると、取りかかる前に何をしようかと考えてエネルギーを削られることもなく、流れに乗るだけでよいので、負担やムダな時間がありません。コスパの高い時間の投資、ぜひ始めてみてください。

段取りを考える時間を惜しんではいけない！

毎日５分、週末15分のスケジューリングの時間を持つだけでOK！その時間の何倍もの費用対効果が期待できる！
数分の時間をかけるだけだから簡単にできる！

段取りを立てる時間は「時間の投資」。コスパが高いので、ぜひ始めよう！

23

時間をうまく使う人は

期限を決めて集中し、

追われる人は

期限を決めずダラダラやる。

制限時間を設け、効率的に作業を進める

「ついダラダラしてしまう」ことも、タイムマネジメントで多く聞かれる悩みの一つです。ダラダラしないために、家以外に場所を借りて仕事をする人や、立って仕事をする人もいますが、他にはどんな対策があるでしょうか。

時間をうまく使う人は、**「タイム・プレッシャー」を利用しています。これは期限を決めることで、制限時間内に終わらせようとする意識が働き、普段より集中できるようになる仕組みです。**

タイム・プレッシャーは、たとえば資料作成など、「より良くするために、いつまでも手直しができてしまうもの」「早く終わらせたいのに、先送りしがちなもの」などに効果があります。

人は、あればあるだけ時間を使ってしまうという傾向（パーキンソンの法則）があるので、終業時間や残業時間を締め切りとしていては、生産性を上げることはできません。

また、タイマーをかけて行動するだけでも、スピードと集中力は変わ

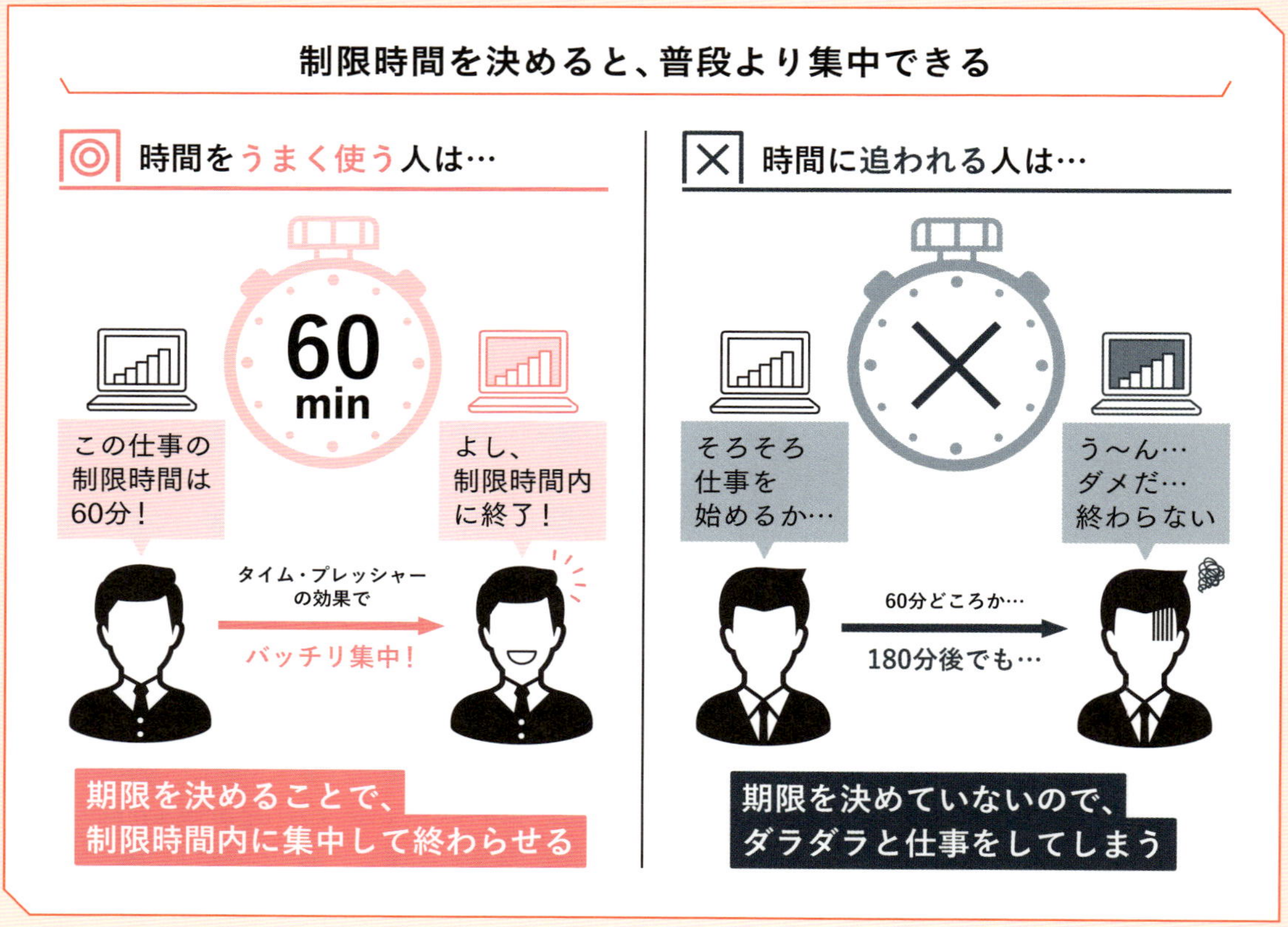

制限時間を決めると、普段より集中できる
時間をうまく使う人は…
60 min
この仕事の制限時間は60分！
よし、制限時間内に終了！
タイム・プレッシャーの効果で
バッチリ集中！
期限を決めることで、制限時間内に集中して終わらせる
時間に追われる人は…
そろそろ仕事を始めるか…
う〜ん…ダメだ…終わらない
60分どころか…
180分後でも…
期限を決めていないので、ダラダラと仕事をしてしまう

タイマーを使った時間管理術「ポモドーロ・テクニック」

「25分間、1つの作業に集中し、5分休憩」を1セットとして繰り返す。
25分間はやりたいことが出てきても、**5分の休憩時間まで持ち越す。**
1セットを4回行ったら、**長めの休憩**を取る。

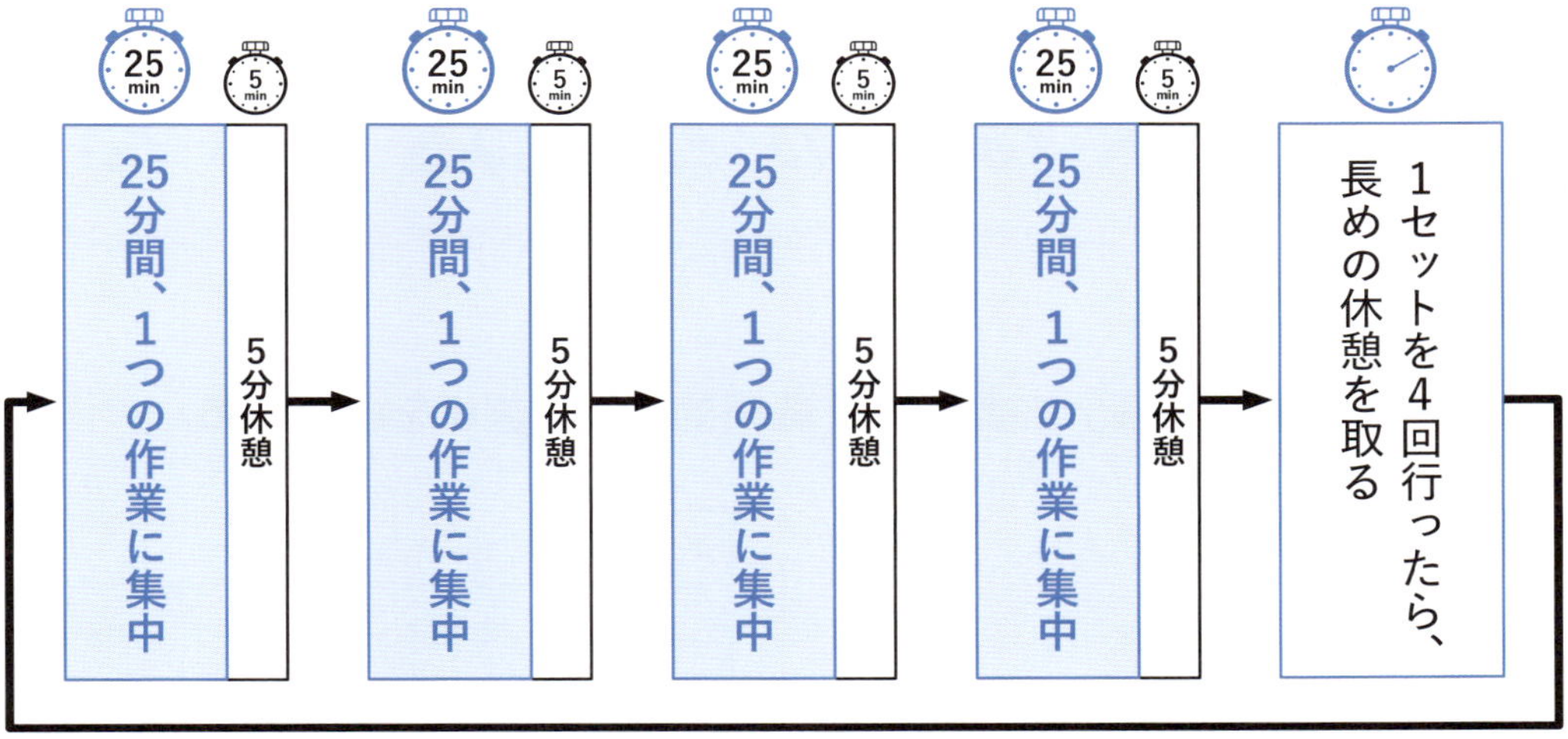

「集中」＋「休憩」のセットを繰り返すことで、時間内の集中力が高まる

ります。タイマーを使った、**「ポモドーロ・テクニック」**も、タイム・プレッシャーを利用したテクニックです（「ポモドーロ」はイタリア語で「トマト」の意味で、考案者のキッチンタイマーがトマトの形だったことから名付けられました）。

「25分間、1つの作業に集中し、5分休憩」を1セットとして繰り返します。この25分間は予定外のことやスマホのチェック、ふと思いついたことなども絶対にやりません。やりたいことが出てきても、5分の休憩時間まで持ち越します。

25分＋5分のセットを4回行ったら、長めの休憩を取ります。こうすることによって、**時間内の集中力が高まり、生産性が上がります。**

1日24時間のすべてを分刻みで動くは難しいですが、1時間を分割して何回か行うのならやりやすいはずです。調べものなど、時間があるといつまでもやってしまう作業も、制限時間を設定することでスパッと終えられるのでおすすめです。

また、取りかかるのが面倒な作業や苦手な作業も、時間を限定することで取りかかりやすくなります。25分なら、ちょっと頑張れば取り組めそうに感じませんか？

「やらないことルール」で集中力を高める

また、私は**「やらないことルール」**をつくっています。「やらないこと」を決めておくと、自分に行動規制がかけられ、集中しやすくなります。

たとえば、

- **20時以降にメールの返信はしない**
- **90分以上続けて座らない**
- **情報収集は決めた時間以外はやらない**

など、**文字にしてルール化すると、達成しやすくなります。**また、周りに共有しておくと協力が期待でき、守りやすくなるのでおすすめです。

時間に追われる人には、タイム・プレッシャーを逆手にとって、「締め切り間近だと力が発揮できる」とギリギリまで手をつけず、火事場の馬鹿力を期待している人がいます。

しかし、締め切りに間に合わなかったり、焦って質の悪い仕事になってしまう可能性もあります。

まずは**短い時間でもよいので、制限時間を決めて集中して**進めてみてはいかがでしょうか。

24

時間をうまく使う人は
戦略的に先送りをし、

追われる人は
やりたくないから先送りする。

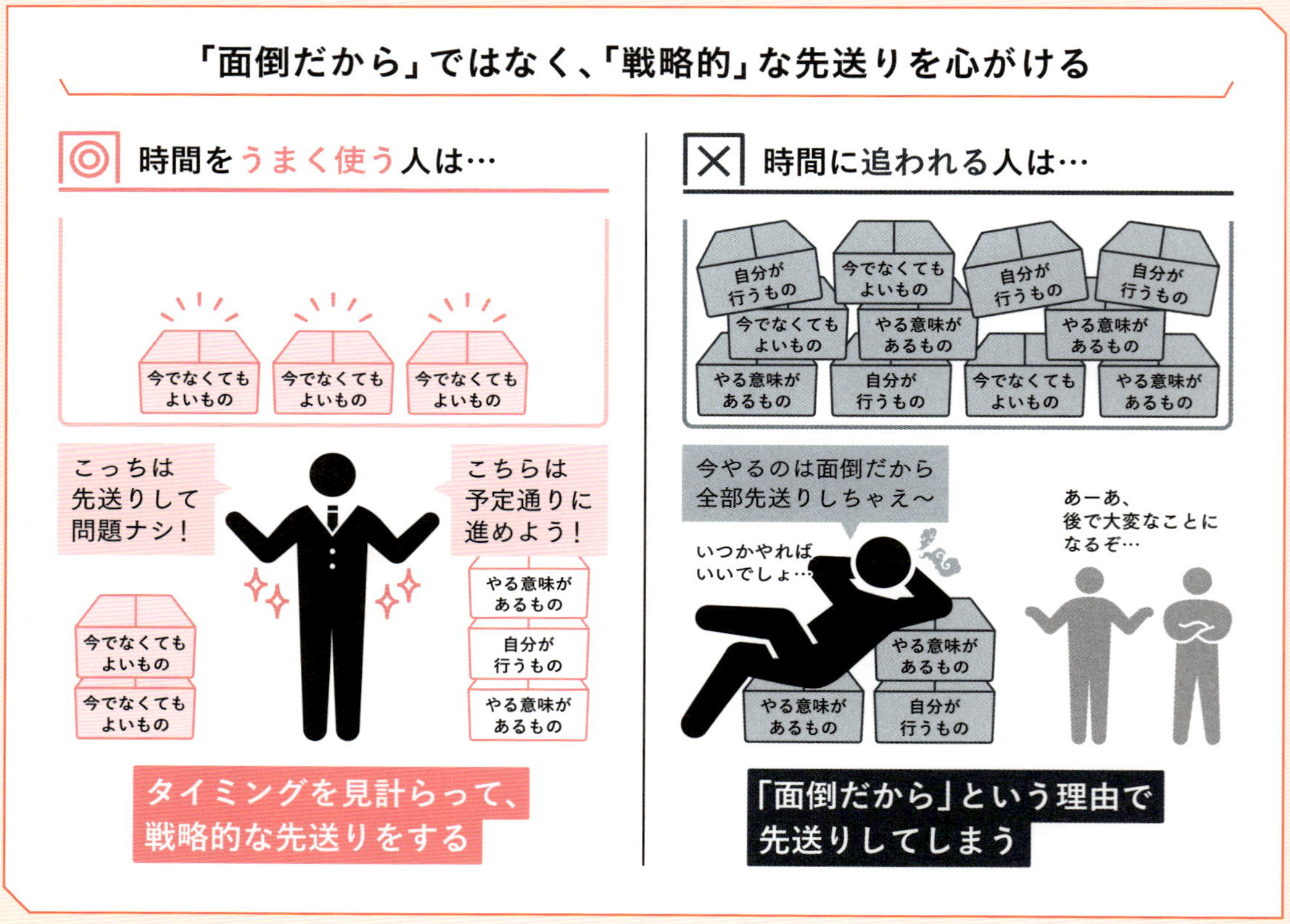
「面倒だから」ではなく、「戦略的」な先送りを心がける
時間をうまく使う人は…
今でなくてもよいもの
今でなくてもよいもの
今でなくてもよいもの
こっちは先送りして問題ナシ！
こちらは予定通りに進めよう！
今でなくてもよいもの
今でなくてもよいもの
やる意味があるもの
自分が行うもの
やる意味があるもの
タイミングを見計らって、戦略的な先送りをする
時間に追われる人は…
自分が行うもの
今でなくてもよいもの
自分が行うもの
自分が行うもの
今でなくてもよいもの
やる意味があるもの
やる意味があるもの
やる意味があるもの
自分が行うもの
今でなくてもよいもの
やる意味があるもの
今やるのは面倒だから全部先送りしちゃえ〜
いつかやればいいでしょ…
あーあ、後で大変なことになるぞ…
やる意味があるもの
やる意味があるもの
自分が行うもの
「面倒だから」という理由で先送りしてしまう

先送りする理由は「面倒」ではなく「戦略」

先送りは、「後でやろう」と将来の自分に宿題を送ることです。その宿題が積み重なり、時間に追われることになってから、「なんであのときにやらなかったのだろう……」と、自分のセルフコントロール力の低さを嘆く人も少なくありません。

「客先に訪問する前に、リサーチを徹底的にしておけばよかった」「海外赴任する前に、英語力を鍛えておけばよかった」などと、やらなければいけないとわかっていた課題を先送りしてしまい、後悔したことはないでしょうか。

私たちは、**遠い将来の良いことよりも、目先の快楽を優先しがち**です。将来もらえるものの価値は割り引いて感じられ、将来の満足より、今満足できる方が嬉しく感じる傾向（「双曲割引」と呼ばれます）があるためです。ですから、今ラクする方を選んでしまいます。

また、「いつかできるかもしれない」と楽観的に考えることもあるでしょう。しかし、その「いつか」はほぼ来ません。「落ち着いたらやろう」「週末やればいいや」「来月なら何とかできるだろう」と先送りしても、実際にはその週末も次の月も時間がなかったりするのです。

　時間をうまく使う人は、**「面倒だから」という理由でなく、タイミングを見計らって、戦略的な先送りをします。**

　たとえば、思いつきで物を言う上司の指示は、立ち消えになる可能性を考慮して1~2日保留する。同じような作業をする場合、少し溜めてからまとめてやる、などです。

　タスクにも実行に適したタイミングはあるので、先送りが効果的なこともあります。

　ただし、**そのタイミングに思い出すためにカレンダーに書いておく、リマインドメールを設定するなど、忘れないための仕組みをつくっておく**必要があります。

　先送りをするかどうかの判断のステップは、次の通りです。

①やる意味があるのか
②自分が行うのが適当か
③今すぐすべきか。今でなくてもよいなら、いつやるか

　③で「今でなくてもよい」と判断したものを、「戦略的に先送りするもの」として予定に入れるのです。

後悔しそうなことは、今すぐに始めるべき

　ただ、早く取りかかった方が、将来に活かせる時間が長いものは多いはずです。

　人生の後半にさしかかっている私が大型自動車免許の勉強を始めたとしても、まったくムダではないと思いますが、大型自動車を運転する時間が多いうちにやっておいた方が役に立つのは当然です。

　「今日より若い明日はない」です。1日でも早く手をつけてみることをおすすめします。

　特に、先送りせず今のうちからやっていただきたいことは、**日々の体のメンテナンス**です。自分のことはついつい後回しにしがちですが、そのツケが回ってきてからでは遅いのです。健康診断でも、懸念点は早く見つけた方が回復は早いはずです。人間ドックや健全な生活習慣は、自分に優しくする行いです。

　今からできることは、後悔しないよう、先送りせず今始めましょう。

先送りしたタスクを忘れないための仕組みの例

1 カレンダーに書いておく

毎朝、必ず見る習慣をつけておけば、
タスク実行日が自然と目に入る！

2 リマインドメールを設定する

事前に自分宛にメール設定をしておけば、
タスク実行日を知らせてくれる！

戦略的に先送りしたとしても、忘れては意味がないので対策は万全に！

25

時間をうまく使う人は
マルチタスクを使い分け、
追われる人は
マルチタスクでミスが増える。

「マルチタスク」には向き不向きがある

効率的に事を進めたいときは、マルチタスク（並行作業）をします。お湯が沸くのを待っている間にティーカップの準備をするように、待ち時間に同時進行で何かをすれば、時間をムダなく使えます。

仕事も「一つが終わってから次に行く」（直列）では時間が足りなくなるので、相手からのレスポンスを待つ間に、同時に別の仕事をいくつか行っていることが多いと思います。

時間をうまく使う人は、**予測力と記憶力、そして記憶を任せる手段を持っています。**やることの全体像が見えているので、**時間がかかりそうなポイントを予測して、待ち時間に別の作業を行う**など、マルチタスクをうまく活用しています。また、**並行して進めてよい作業とそうでない作業の区別**をつけています。

一方、時間に追われる人は、並行して進めるとミスにつながりやすい作業を、マルチタスクで行ってしまいがちです。

マルチタスクで進めるべきでないのは、集中が必要な作業や、似てい

やることの全体像を見て、マルチタスクをうまく活用する

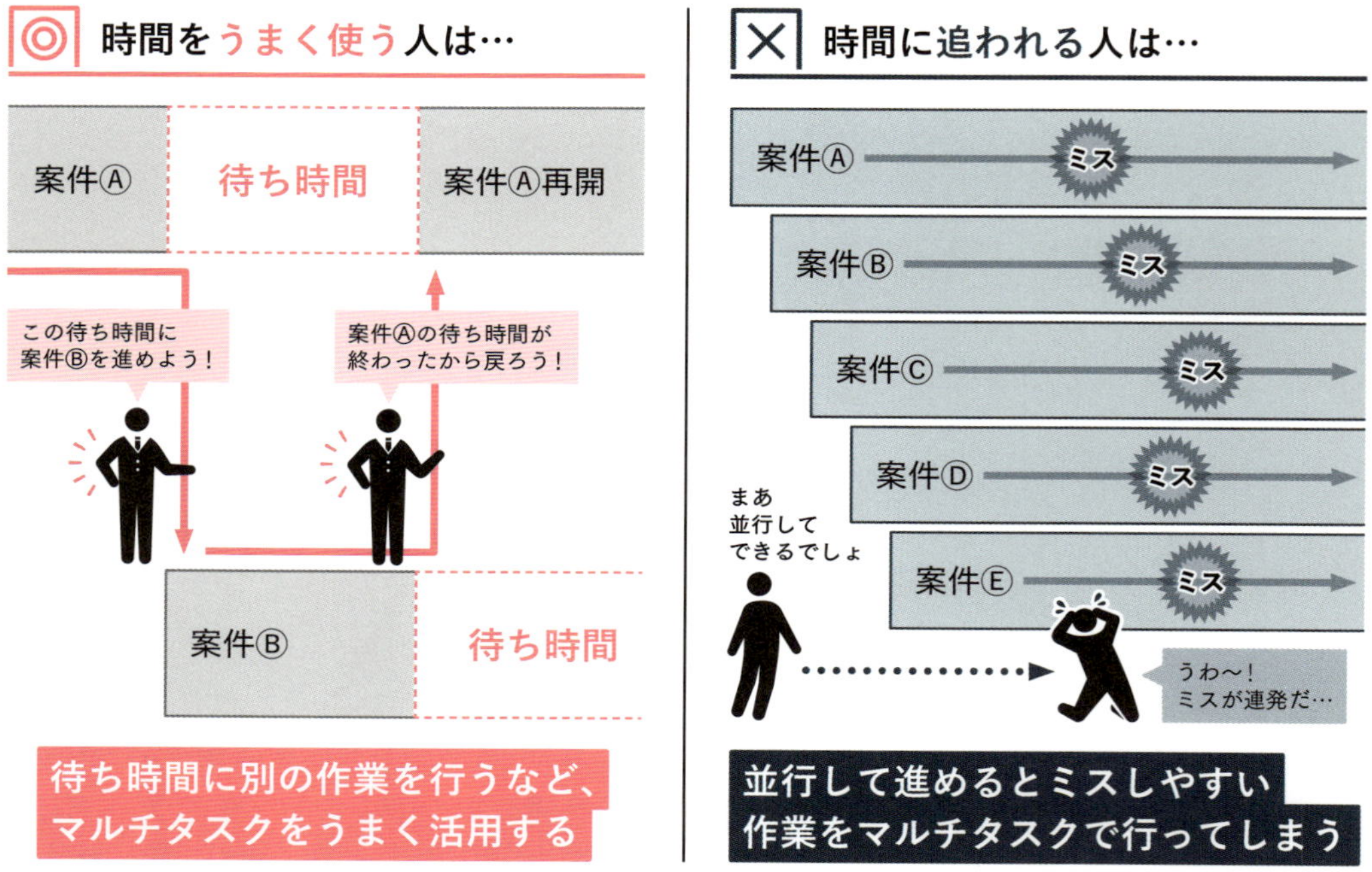

「マルチタスクに向く作業」をマルチタスクにする

脳は並行作業ができない

マルチタスクをしているときは、脳は高速でタスクをスイッチしているため、負荷が高い

あまり多くの並行作業は注意を分散させてしまう

「マルチタスクは作業効率を40%下げる」という研究もある

脳には
このような特徴があるので

マルチタスクに
向いている作業は、
- 家事のように待ち時間が多いもの
- アイデアなど寝かせた方がよいもの

これらは積極的にマルチタスクにする！

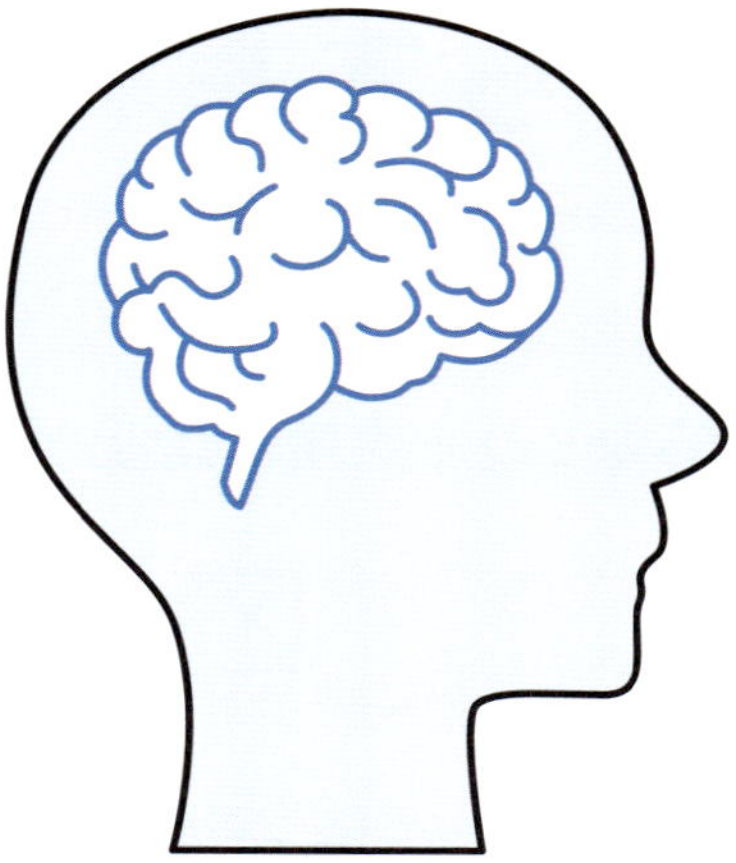

すべてをマルチタスクで行うのではなく、タスクの種類で使い分けよう

る作業です。ジムで走りながら考え事をするのは、異なる作業で無理はありませんが、数本のクレーム対応を同時進行するのは、ミスの原因になります。

　あるクライアントは、お詫びの手紙を複数並行して作成し、相手の名前と内容を取り違えて、さらにお詫びする事態になってしまいました。ミスを避けるためにも、慎重にするべきものは1件ずつやりましょう。

　マルチタスクに向いていると思われるのは、**考える作業**です。

　私の場合、原稿依頼が重なっている時期に、Aのテーマを考えているときにBのテーマのアイデアが湧いてくるということがありました。1つを突き詰めて考えて煮詰まったときにフォーカスする対象を変えると、ひらめきやすいのかもしれません。

「マルチタスク」は作業効率を下げることも

　マルチタスクには、次のようなデメリットもあります。「もともと行っていたタスクを忘れてしまうこと」「常に気になって、どちらにも集中できないこと」です。

脳は並行作業ができません。マルチタスクをしているときは、脳は高速でタスクをスイッチしているため、負荷が高いそうです。Aの作業と同時にBとCの作業をしているとき、ABABCAB……と、シングルタスクを「中断〜再開」で繰り返して、高速で行き来しているのです。

　あまり多くの並行作業は、注意を分散させてしまいます。「マルチタスクは作業効率を40%下げる」という研究もあります。したがって、向いている作業、向いていない作業があるのです。

　家事のように待ち時間が多いものや、アイデアなど寝かせた方がよいものに関しては、積極的にマルチタスクにした方がよいでしょう。

　家事は、洗剤につけこんで汚れが浮くのを待つ間に、夕食の献立を考えて下ごしらえを始め、買い物リストを考えつつ、掃除に戻る……などと、当たり前のように「並行作業」をしないと1日が回りません。

　基本的に重要なこと、慎重になるべきことには、腰を据えてじっくり向き合いたいものです。**すべてをマルチタスクで行うのではなく、タスクの種類によって使い分けましょう。**

26

時間をうまく使う人は
人に頼るのがうまく、

追われる人は
人に頼らず抱え込む。

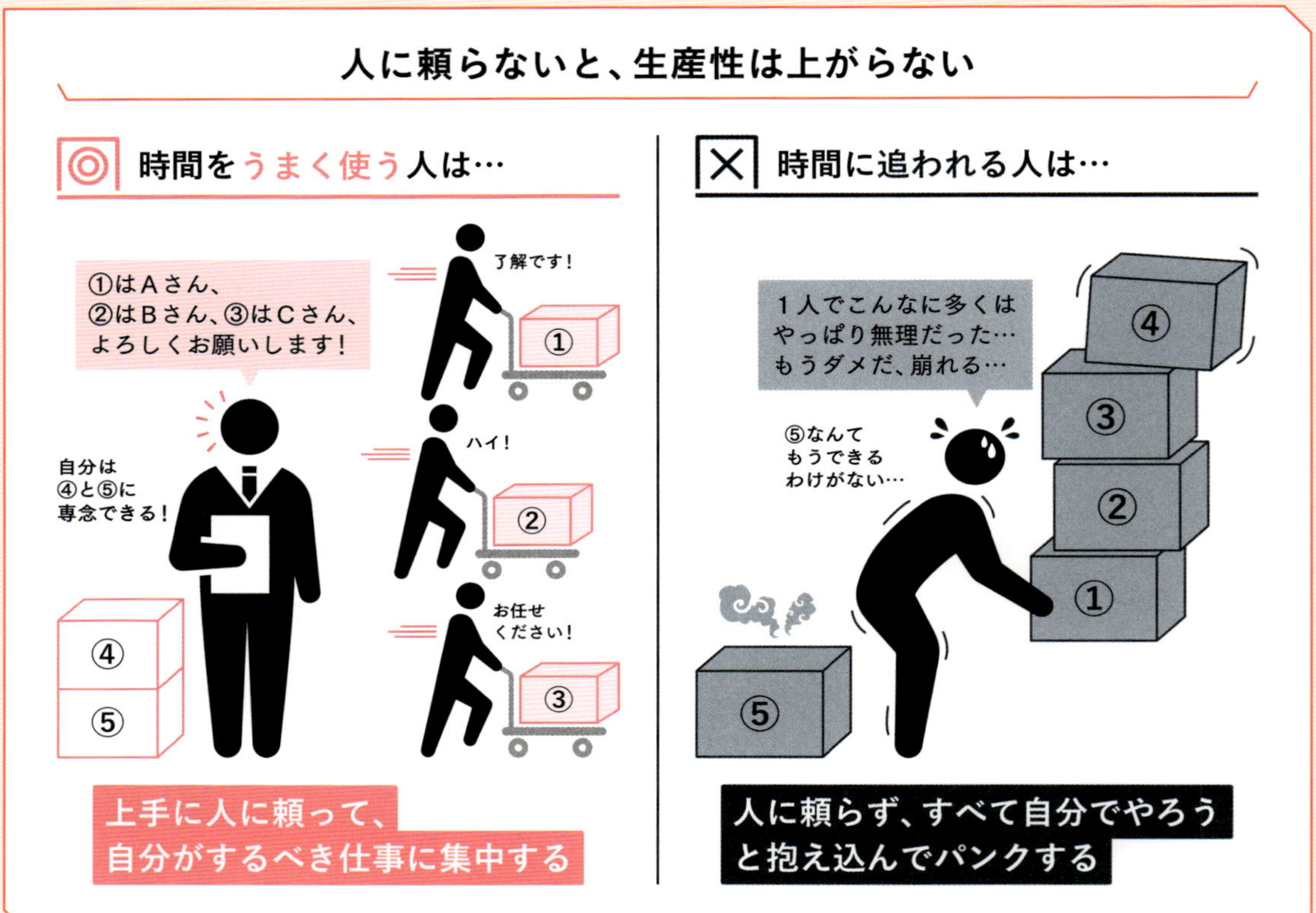
人に頼らないと、生産性は上がらない
時間をうまく使う人は…
①はAさん、
②はBさん、③はCさん、
よろしくお願いします！
了解です！
ハイ！
お任せ
ください！
自分は
④と⑤に
専念できる！
①
②
③
④
⑤
上手に人に頼って、
自分がするべき仕事に集中する
時間に追われる人は…
１人でこんなに多くは
やっぱり無理だった…
もうダメだ、崩れる…
⑤なんて
もうできる
わけがない…
①
②
③
④
⑤
人に頼らず、すべて自分でやろう
と抱え込んでパンクする

人の力をうまく借りて、するべき仕事に集中する

組織では、部下や外部に仕事を任せることで生産性を上げています。個人の仕事効率化においても、人に頼む、任せるという視点は、**自分の時間を増やすことにもなるので有効**です。それにもかかわらず、人に頼ることが苦手な人も多いようです。

人に頼みづらい理由は、「頼んでは申し訳ない」という遠慮から、「やり方を教える時間があったら、自分でやる方が早い」「自分の方がうまくできる」「任せて相手の方がうまければ、自分の立場がなくなる」といった理由まで様々です。

たしかに、人に頼むのは、ある程度の時間と手間がかかります。組織であれば、部下の育成などの意味が持てますが、個人の場合は、その作業への費用対効果だけで考えてしまいがちです。

しかし、**頼めるルートをつくっておくことは、緊急トラブルが発生したときの受け皿にもなります。**いざというときに、頼める人がいるのは心強いものです。

また、何か大きなプロジェクトや

挑戦をしたいと考えたとき、必ず他の人との協働が必要になります。その際、巻き込み力があるかどうかが成功のカギになる場合もあります。

あるクライアントは、自分が多忙になることがわかっていたので、思い切って案件の発生後すぐに、仲間に一緒にやってもらうよう依頼しました。すると、仕事がラクになっただけでなく、自分のやり方とは違う方法を教えてもらったり、モレがあることに気づいてもらえたりと、副産物も得られたそうです。

自分が担当している、本来力を入れるべきコアな仕事以外は、人の時間を借りた方が効率的な場合があります。**専門性の高いプロの時間を借りた方が、成果もスピードも上がる**でしょう。

自分が本来力を入れるべきものに、時間を多くかけたいですよね。

よい関係を構築し、上手にお願いする方法

上司と部下の関係、夫婦間、家族間、友人間でも、良い頼み方を知っておくと、関係性の強化など、時短以外の面でもメリットがあります。

任せる側のスキルを身につけて、お互い気持ちいい受け渡しを心がけたいものです。頼みにくいと感じる場合は、先に相手側のお願いを聞いてあげると頼みやすくなるかもしれません。

時間をうまく使う人は、次の３つのポイントを押さえて依頼します。

①「早めに」…相手の作業時間を考え、ギリギリではなく早めに依頼する。

②「謙虚に」…相手にも予定や事情があるので、抱えているものを考慮して依頼する。「やってくれて当然ではない」という姿勢を持ち、感謝を忘れない。

③「明確に」…何をいつまでにどんな形で欲しいのかを、明確に伝える。仕事の目的（ＷＨＹ）や全体のイメージ、やり方（ＨＯＷ）なども伝える（依頼したい仕事の内容だけ説明するのでは、結果が期待と異なることがあるため）。

時間をうまく使う人は、**人の力をうまく借り、自分が力を入れるべきところに集中します。**仕事を抱え込んでしまいがちな人は、「この仕事は、自分がやるのが適しているか？　誰かに頼んだ方がいいものか？」という視点で考えてみてください。

人に依頼する際に押さえておきたい３つのポイント

① 早めに

日程には余裕があるので、再来週の木曜日までにお願いできますか？

今週は別の作業がありますよね
はい、再来週でそれだけ日数があれば大丈夫です！

相手の作業時間を考え、ギリギリではなく早めに依頼する

② 謙虚に

無理な日程だったら調整しますので、気軽に言ってくださいね！

忙しい中、ありがとうございます！助かります！
こちらの予定や事情もちゃんと考えてくれている♪

相手にも予定や事情があるので、それらを考慮して依頼する

③ 明確に

来週10日の14時までに、案件Ａの資料を20部ずつまとめていただけますか？

11日のチーム会議で使う資料です
10日の14時までに20部ですね、承知しました！

何をいつまでにどんな形で欲しいのかを、明確に伝える

27

時間をうまく使う人は

角を立てずに断り、

追われる人は

我慢してなんでも引き受ける。

チームには、風通しの良い人間関係が大切

仕事は人との連携です。したがって人との関係性は、仕事に大きく影響します。

Googleの研究により、生産性の高いチームには、心理的安全性の高さという共通点があることがわかりました。心理的安全性を担保するためにも、風通しの良いコミュニケーションは重要です。

時間をうまく使う人は、**「アサーティブ・コミュニケーション」が上手です。**「アサーティブ・コミュニケーション」とは、他者を優先して自分を押し殺すのでもなく、反対に自分本位で他者を攻撃することでもない、**「自分も相手も尊重する」コミュニケーションの取り方**のことです。

たとえば、次のようなことです。

- **依頼されたときも、忙しくて時間がない場合や内容的に難しい場合は、理由を添えて明確に断る。**
- **こちらから依頼したいことがあるときは、相手の意向を尊重しながらも、遠慮せず率直に頼んでみる。**
- **指摘しなければならないときは、相手に察してもらおうとせず、前**

「アサーティブ・コミュニケーション」で上手に断る

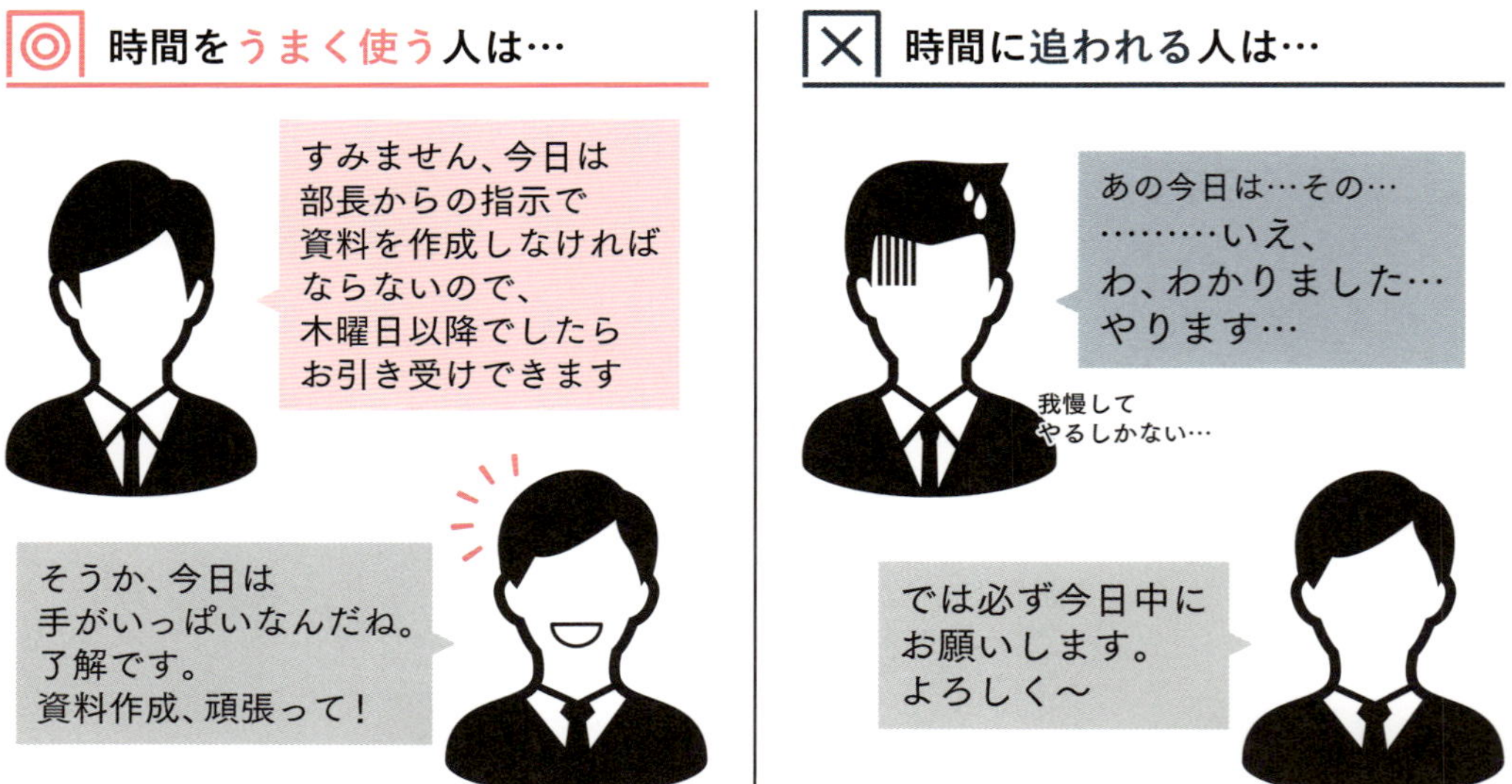

時間をうまく使う人は…

すみません、今日は部長からの指示で資料を作成しなければならないので、木曜日以降でしたらお引き受けできます
そうか、今日は手がいっぱいなんだね。了解です。資料作成、頑張って!

自分も相手も尊重し、理由を添えて角を立てずに断る
時間に追われる人は…

あの今日は…その…………いえ、わ、わかりました…やります…

我慢してやるしかない…

では必ず今日中にお願いします。よろしく～

自分を押し殺して、なんでも引き受けてしまう

自分の意見を伝える際に役立つ４つのポイント

①断るときも、まずは相手の言うことを傾聴し、理由と代替案を一緒に伝える

相手が受け取りやすい形、こちらの条件や代替案を伝える。

できない理由
＋
こちらの条件や代替案

②クッション言葉を添える

相手の気持ちを受け止める言葉を添えて、自分の意向を伝える。

お誘い、ありがとうございます
でも今日は…

③自分の考えを伝える場合は、事実と意見を分けて伝える

建設的な話し合いが必要な場面では、事実と意見を切り分けて伝える。

事実
意見

④相手に察してもらうことを求めない

「こうしてくれると助かる」という要望は、言葉で明確に伝える。

今日は手が空いていないので
明日以降だと
助かります

向きな言葉でわかりやすく伝える。

ただし、イヤなことをなんでも断ればよいというわけではありません。相手の状況や立場を理解して慮《おもんぱか》る必要はあります。

自分の意見を表明するときは、**自分が言いたいことを言うのではなく、相手が理解し納得できるように伝える**のがコツです。

相手を尊重しながらも、自分の意見も率直に伝える

時間をうまく使う人は、次の4つのポイントを意識しています。

①断るときも、まずは相手の言うことを傾聴し、理由と代替案を一緒に伝える

相手が受け取りやすい形、つまり納得できる言い方をします。「できません！」と言うだけでは関係性が崩れてしまうこともありますので、「今、明日締め切りの案件を抱えているので、これが終わってからでしたらお引き受けできますが、いかがでしょうか？」などと、こちらの条件や代替案を伝えます。

②クッション言葉を添える

「お誘い、ありがとうございます」と相手の気持ちを受け止める言葉を添え、「でも今日は予定がありますので、次回参加させてください」などと自分の意向を伝えます。ただし、必要以上にへりくだる必要はなく、さらりと話題を終わらせて構いません。

③自分の考えを伝える場合は、事実と意見を分けて伝える

建設的な話し合いが必要な場面では、事実と意見を切り分けて伝えます。

④相手に察してもらうことを求めない

「こうしてくれると助かる」という要望は、言葉で明確に伝えます。

クライアントの中には、頼まれたことを引き受けすぎて、物理的に仕事を間に合わせられなくなった人もいました。

嫌われたら恐いからと、自分の意見をいつも飲み込んでいては、相手と本当に良好な関係を築くことはできませんし、仕事でもスムーズな連携は取りにくいでしょう。

相手を尊重しながらも、自分の意見も配慮ある言葉で率直に伝える、アサーティブ・コミュニケーションを心がけていきたいものです。

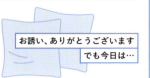

CHAPTER 4

効率アップ編

まとめ

時間をうまく使う人は
先を予想しながら行動する！

時間をうまく使う人は
「タイム・プレッシャー」を利用して、効率的に進める！

時間をうまく使う人は
戦略的な先送りをする！

時間をうまく使う人は
並行して進められるものとそうでないものを区別して行う！

時間をうまく使う人は
人の力を借りるべきところを見極め、うまく頼む！

時間をうまく使う人は
我慢するのではなく、健全な主張を交わす！

CHAPTER 5

環境・仕組みづくり編

The Power of Habits will Change Your Life.

The Method of Get Control of Your Time and Life
-38 Habits of Improving Your Life

時間をうまく使う人は
視覚情報の少ない環境で集中し、

追われる人は
視覚情報が多い環境で気をそらす。

気をそらすものがなければ、自然と集中度は高まる
時間をうまく使う人は…
この仕事に
ひたすら集中！
作業がどんどん進む〜！
集中するために、気をそらすものを
あらかじめ排除する
時間に追われる人は…
まだ仕事の途中だけど、
ちょっとだけだから
大丈夫でしょ…
さっきも
見たけど…
TV
気をそらすものが近くにあるので
集中が続かない

集中度を高めるために、気をそらすものを排除する

時間をうまく使う人は、**「フロー状態」**になりやすく、**集中度が高い**のが特徴です。

時間が経つのを忘れるほど、行動に深く集中し、周りも自分も見えないほど感覚が研ぎ澄まされた状態を、心理学者のミハイ・チクセントミハイは**「フロー」**と呼びました。

時間感覚の歪みが生じ、時間が瞬時に過ぎるように感じることもあれば、アスリートが「球がゆっくり見えた」と言うように、時間がゆっくりと感じることもあります。

「ゾーンに入っている状態」とも言われるので、聞いたことがあるかもしれません。

フローが起きやすいのは、**「行動自体に目的があり、行動そのものが楽しいとき」**です。アスリートではなくても、仕事や趣味、勉強などでその状態になることもできます。集中したいときに、フロー状態に自由自在に入れたらいいですね。

時間をうまく使う人は、**集中するために、自分の気をそらすものをあらかじめ排除しています。**

目から入ってくる情報は、私たちが想像するよりも膨大です。脳はその中から必要なものだけをピックアップし、残りの情報を捨てているそうです。自分では気づいていなくても、**乱雑な環境は脳に大きな負荷をかけている**のです。

目の前の作業だけに集中できる環境を整える

ジムの勧誘ハガキが目につくと、「最近、体重が増えたかも。後で計ってみよう」という考えが浮かぶかもしれませんが、目に入ったものに反応してしまうのは、よくあることです。ただ、これらは脳に負荷をかけ、目の前の作業への集中を妨げてしまいます。

外部からの刺激が原因の場合は、その刺激を取り除く行動を考えます。「一度ネットを見てしまうと、抜け出せないから」と、仕事中はWi-Fiを切り、ネットを見ることができないようにしていたクライアントがいました。気をそらすモノを排除し、**目の前の作業しかできない環境にする**ことも一つの手です。

アプリを使う度にログアウトし、再度始めるにはまたログインしなければいけないようにした人もいます。**「面倒」という気持ちを、行動のストッパーにする**良い例です。

ある実験で、スマホをサイレントモードにして伏せて部屋の机に置いたチームと、スマホを部屋の外に出しておくチームに分けてテストの結果を調べたところ、後者のチームの方が、スコアが高かったそうです。**スマホの存在だけでも脳の認知機能に負荷がかかり、集中力が阻害されている**ようです。

また、何かをしている最中に他のことを考えてしまったり、雑念が湧いて集中できないことがあります。これは「マインド・ワンダリング」と呼ばれ、「心の迷走状態」「心ここにあらずの状態」を表しています。

2000人を超える人数を対象としたある研究では、マインド・ワンダリングは、1日の時間のうち、約47％もの時間で起こっていることがわかりました。私たちは、1日の半分近くも、意識を目の前のことに向けられていないのです。

周囲の情報や過去・未来の出来事に振り回されず、目の前のことに集中できる環境をつくりましょう。

集中できる環境を整えるアイデアの例

① 仕事中はWi-Fiを切る

一度ネットを見てしまうと、抜け出せないから…

仕事中はWi-Fiを切り、ネットを見ることができないようにする

目の前の作業しかできない環境にすることも１つの手

② アプリを使う度にログアウト

アプリを使う度にログアウトして…

再度始めるには、またログインしなければいけないようにする

「面倒」という気持ちを、**行動のストッパー**にする

29

時間をうまく使う人は

必要な物をすぐに手にし、

追われる人は

探し物が多い。

物を持ちすぎると効率が下がってしまう

探し物の時間は、**時間泥棒**の代表です。「平均的なビジネスパーソンは、探し物に年間150時間も使っている」という話は有名です。

また2017年に、大手文具メーカーのコクヨが、「人は書類を探すのに1日20分費やしており、1年に換算すると80時間にもなる」と発表しています。

このことからも、私たちが本来すべき仕事以外のことに、いかに時間を浪費しているかがわかります。探し物に気を取られていると、重要な仕事に集中して取り組むことができません。

探し物が多い人の特徴は、持ち物が多く、片づけ方にルールがないことです。ムダに物を持つと、効率を下げることにもつながります。

私たちは、旅行の際に準備した自分の荷物の量を見て、「こんなに少ない物だけでも生きていけるのだ」と気づくことがあります。

逆に必要以上に多くの物を持って行くと、荷物の重さの分、フットワークが悪くなってしまいます。それ

持ち物を少なくして、片づけ方にルールを設ける

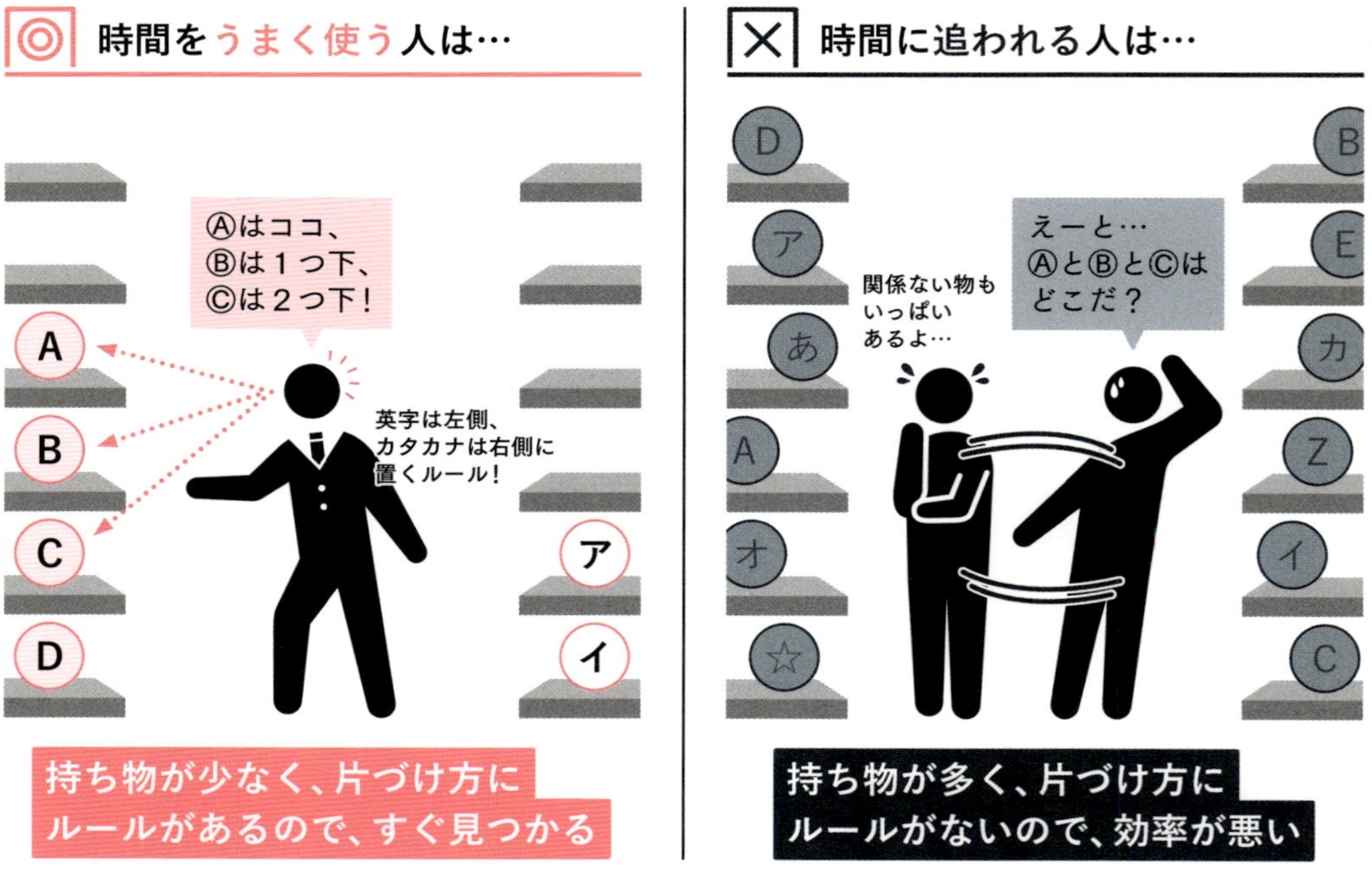

◎ 時間をうまく使う人は…
Ⓐはココ、Ⓑは１つ下、Ⓒは２つ下！
英字は左側、カタカナは右側に置くルール！
A
B
C
D
ア
イ
持ち物が少なく、片づけ方にルールがあるので、すぐ見つかる
× 時間に追われる人は…
関係ない物もいっぱいあるよ…
えーと…ⒶとⒷとⒸはどこだ？
D
ア
あ
A
オ
☆
B
E
カ
Z
イ
C
持ち物が多く、片づけ方にルールがないので、効率が悪い

探す時間をなくす、賢い“片づけルール”の例

1 どこに何があるか、見えるように整理する

ラベルを貼る、背表紙を見せるなど、すぐ見つけられるように整理する。

2 所有物の新陳代謝を上げる

タイミングを決めて、使わない物や情報を捨て、新しい物に入れ替える。

3 自分に合ったレイアウトにする

よく使う物はすぐに手が届くところなど、使いやすい場所に配置する。

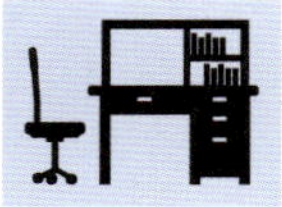

4 必要な動作を減らす

たとえば、引き出しを開けたら、1回のアクションで取れるように片づける。

5 タグ付けする

ファイルやデータには、検索しやすい名前をつける。

ルールを設けて賢く片づければ、探し物に奪われる時間がなくなる！

は、旅行に限らず、私たちの人生においても同じです。

物との付き合い方にはルールが必要

時間をうまく使う人は、次のような**ルールで片づけ、探し物に奪われる時間をなくしています。**

①どこに何があるか、見えるように整理する

「所有していること」を忘れているのは「持っていない」と同じです。ラベルを貼る、背表紙を見せるなど、すぐ見つけられるように整理します。

②所有物の新陳代謝を上げる

使わない物や情報を捨て、新しい物に入れ替えます。年末や年度始めなど、タイミングを決めておくと実行しやすくなります。

③自分に合ったレイアウトにする

自分の動線を考えて、よく使う物はすぐに手が届くところなど、使いやすい場所に配置します。

④必要な動作を減らす

「引き出しを開け、箱の蓋を開け、袋から出す」というような入れ子方式にせず、開けたら1回のアクションで取れるように片づけます。

⑤タグ付けする

ファイルやデータには、検索しやすい名前をつけます。たとえば、「タイムマネジメント（項目名）_A（並べたい順番）_フレーム_タイムプア（検索しやすいワードいくつか）_250201（情報の新旧）」など。内容のキーワードが容易に検索できる場合は、「TM_○○様提案書_250201」などです。

また、そもそも**物を持ちすぎない**ことも大切です。物を持つほど豊かになるとは限りません。物を持てば、それを使う時間だけでなく、維持する手間、整理する手間、修理する手間、処分する手間もかかります。**「所有する」ことは「物に対応する時間が必要になる」こと**でもあります。

物が多いと、管理するのも難しくなってしまいがちなので、それは自分にとって本当に必要な物なのか、手に入れる段階でよく考えることも必要です。

探し物は、頭の片隅で「気がかり」となります。時間泥棒になるだけでなく、集中をそぐ原因にもなるのです。ですから、物の管理など、**物との付き合い方にルールを決めておく**のがおすすめです。

30

時間をうまく使う人は

自分を動かす仕組みを持ち、

追われる人は

仕組みをつくらない。

自分を動かす仕組みで、自分とスケジュールを管理する

◎ 時間をうまく使う人は…

2時間経ったから、
この書類作成はここまで。
次の仕事に
取りかかる時間だ！
ピピ
ピピピ
15:00
タイマーが
時間を
教えてくれた！

タイマーを使うなどして、
自分を動かす仕組みをつくっている

× 時間に追われる人は…

書類作成に
時間をかけすぎた…
次の仕事をやる時間が
もうないよ…
ああ～
もう17時30分だよ…
どうしよう…

次の予定に移るタイミングを
逃し、スケジュールが崩れる

自動で自分を動かす仕組みをつくっておこう

あなたは、**自分を動かす仕組み**を持っていますか？

行動するべきときに合わせて、自分に合図を送る仕掛けをつくっておくと、忘れることなく、ベストタイミングでその行動ができます。

時間に追われる人は、リマインドなどの自分を動かす仕組みを持っていない人が多いです。そのひと手間をかける時間を惜しんでいるのかもしれませんが、その時間の投資をしないことで、立ち上がりが悪くなり、ムダな時間が流れていきます。

時間をうまく使う人は、**1日の行動時間をタイマーで管理したり、数日後のことはリマインドしてアラームが鳴るように設定するなど、自分を動かす仕組みをつくっています。**

会議などの予定以外に、自分で決めた理想のスケジュールもリマインドに入れて管理することで、1つのことに時間をかけすぎたり、やろうと思っていたことを忘れてしまうことがなくなります。

私は、コーチング・セッションや、オンライン会議の開始10分前にアラ

ームをセットしています。毎朝起きたら3~5個のリマインドをセットするのがルーティンです。リマインドを設定しておくことで、開始時間まで何度も時計を見て確認しなくても済みますし、「つい、うっかり」忘れもなくなります。

手帳やアラームに記憶を任せることで、脳のワーキングメモリを解放し、目の前のことに没頭できるようになるので集中力も上がります。

2つの行動を紐づけると、行動しやすくなる

別の行動をトリガーにして、セットで習慣化してしまうことも、自分を動かす上で効果的です。

「ベルが鳴った後に餌がもらえる」ことを繰り返すと、ベルが鳴るだけで犬は唾液を出すようになる、という「パブロフの犬」として知られる実験があります。人も「仕事の椅子に座ったら、仕事モードに入る」といったように、「○○したら、△△する」と決めておけば、行動が始めやすくなります。

何らかの行動を次の行動とセットで行うことを繰り返すと、その2つの行動を紐づけることができます。

たとえば、「走る気力がないときは、とりあえずウェアに着替えると走りたくなる」「5分の瞑想をすることで、仕事のスイッチを入れる」などと活用している人もいます。いわゆるアンカー（錨）のように、行動にフックをかける「アンカリング」です。

その他にも、**時間を天引きしておく**ことも役立ちます。時間を確保しておけば、何とかなるものは多いのです。

「読書の時間がない」という人は、毎日30分ずつ読書のために天引きしてスケジュールを立てることで、強制的に読書時間を確保できます。あるクライアントは、確実に使える朝食前に30分の読書時間を確保することで、1か月で本を18冊も読めたそうです。

時間を定期的に天引きすることは、読書だけでなく、片づけでもコミュニケーションでも運動でも有効なので、「やりたかったけど時間がなかったこと」に試してみましょう。

仕組みがあると、自分を動かすのがラクになります。ぜひ自分に合った仕組みを設定し、それに沿って行動してみてください。

行動にフックをかける「アンカリング」の例

① 走る気力がないとき

とりあえずウェアに着替えると…

いつものように走りたくなる！

② 仕事を始める前

5分間瞑想をすると…

仕事のスイッチが入る！

別の行動をトリガーにして、セットで習慣化してしまうことも効果的

31

時間をうまく使う人は

家事で気分転換し、

追われる人は

家事を雑務にする。

「生活時間」をストレス発散に有効活用

生活を維持するための時間は、生きている限り必ず発生します。

生活環境を維持するための掃除、洗濯、調理などの家事や、生命を維持するための睡眠、食事。他にも入浴、育児、介護、ペットのお世話など、生活を回すための時間を「生活時間」といいます。

生活時間は、忙しいときには「なるべく減らしたい」と考える時間だと思います。

フル出社でひとり暮らしをしているクライアントの中には、掃除と洗濯、食材の買い出しなどで、休みの土曜日が丸々潰れている、という人もいました。

私もひとり暮らしのときには、やはり生活時間が面倒だったことを覚えています。いかに減らすか、やらずに済ませるかと相談されるクライアントもいます。

時間をうまく使う人は、**生活時間を気分転換の時間として、上手に活用します。**

テレワークで仕事をしながら、子育てと介護をしていた知人は、仕事

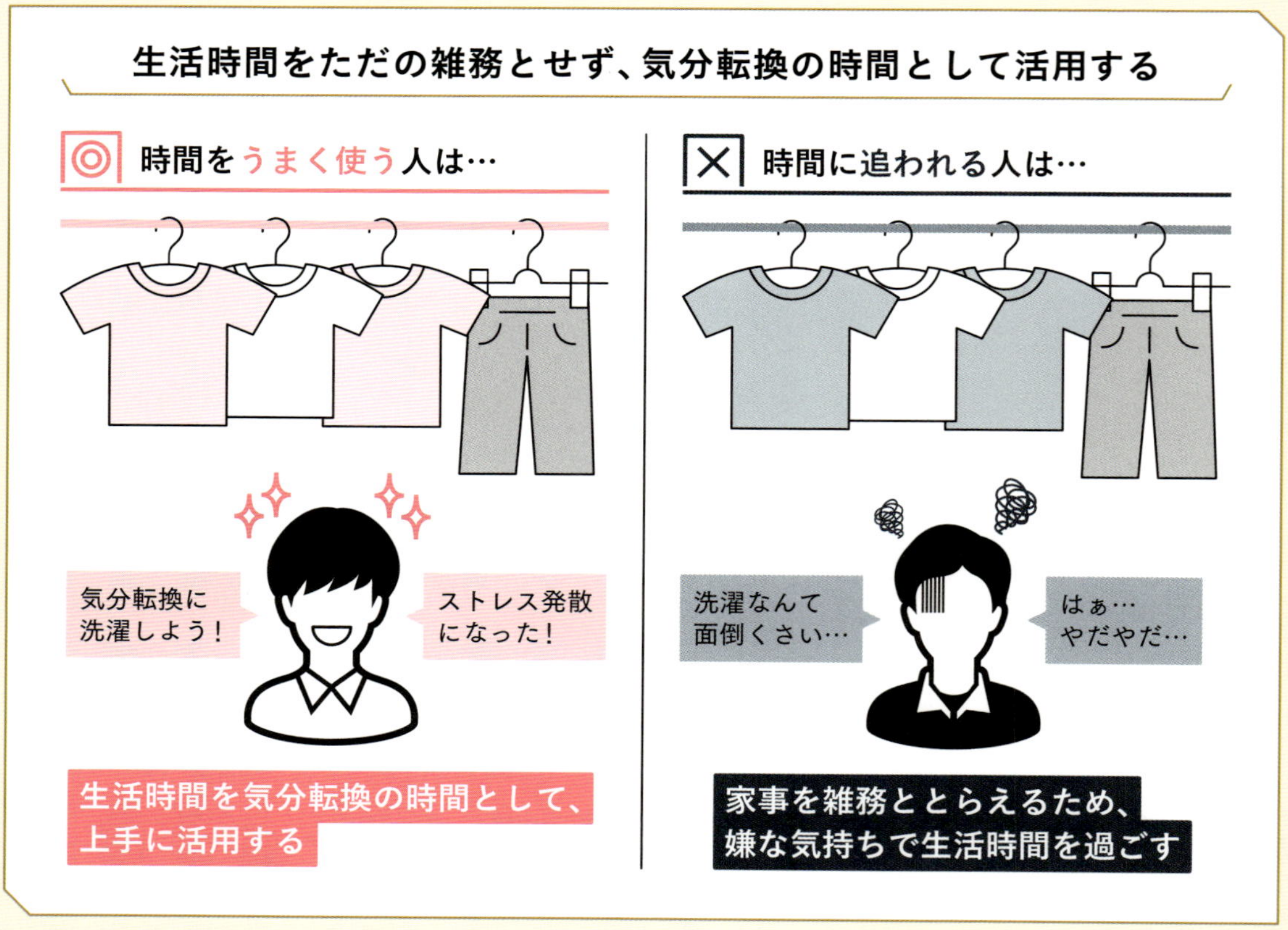

生活時間をただの雑務とせず、気分転換の時間として活用する
時間をうまく使う人は…
気分転換に洗濯しよう！
ストレス発散になった！
生活時間を気分転換の時間として、上手に活用する
時間に追われる人は…
洗濯なんて面倒くさい…
はぁ…やだやだ…
家事を雑務ととらえるため、嫌な気持ちで生活時間を過ごす

趣味の時間や運動などを、気分転換として活用するも効果的

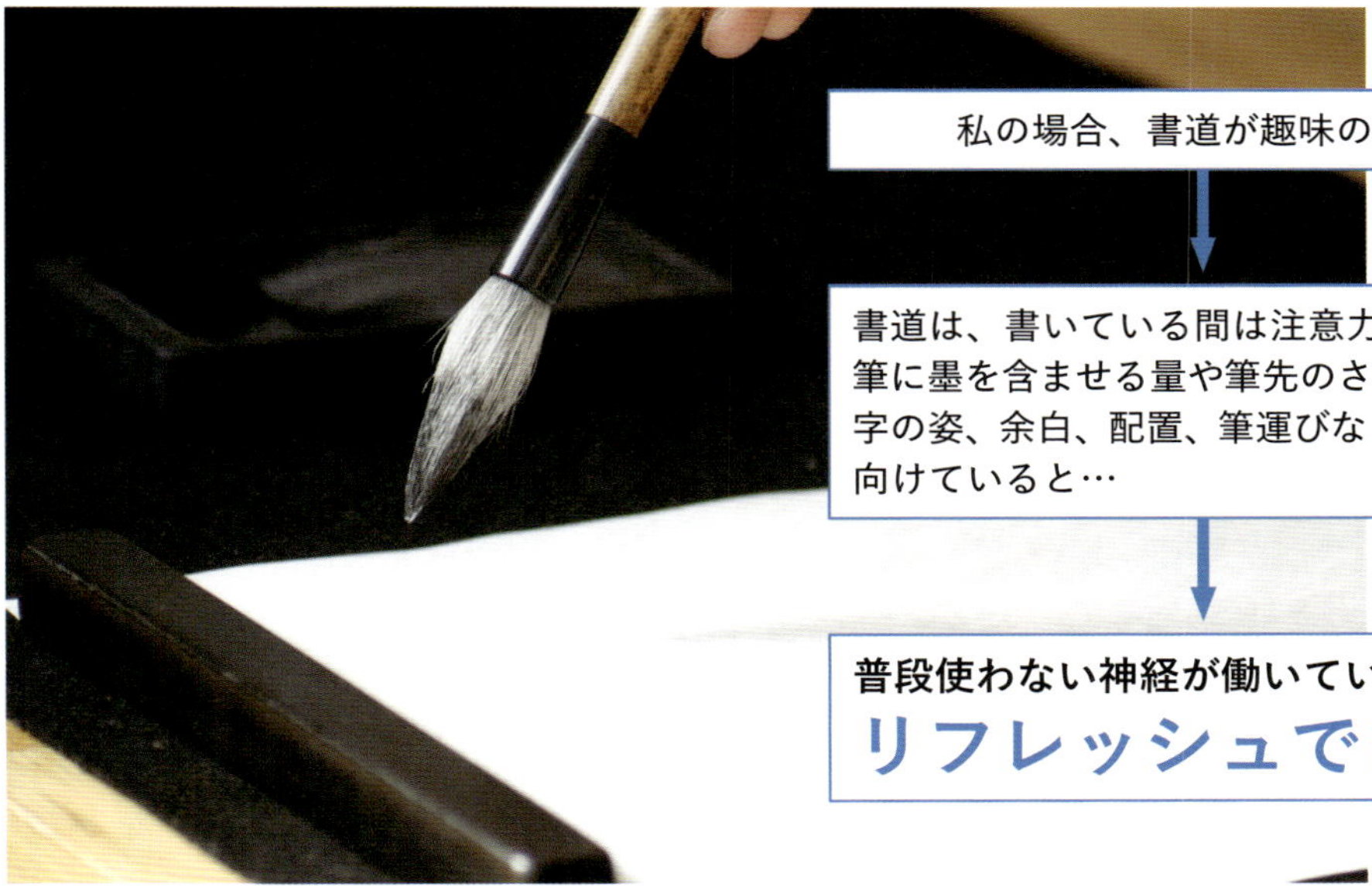
私の場合、書道が趣味の１つ
書道は、書いている間は注意力が高まる。筆に墨を含ませる量や筆先のさばき方、文字の姿、余白、配置、筆運びなどに意識を向けていると…
普段使わない神経が働いているようで
リフレッシュできる！

趣味や運動の時間、生活時間も、良い結果につながる「時間の投資」！

で行き詰まったときに家事を挟んで気分転換をしていました。すると、家事も少し片づいてリフレッシュもできるため、一石二鳥です。

私もやってみると、**「いつの間にかやるべきことが減っている！」というお得感が味わえました。**テレワークや家で作業をする機会のある人にはおすすめです。

また、私は洗濯したタオルなどのしわを伸ばすため、勢いよく振りはたきます。そのときの「パンッ！」という音は、なかなかの快感でストレス発散と感じます。

家事も楽しめると、雑務ではなくなります。疲れるより、むしろ気分が良くなり、心が整う気さえします。

「生活時間」も、仕事のように「やらなくてはいけないこと」ととらえるのではなく、楽しめる部分やストレス解消になる動作などを探してみてはいかがでしょうか。

運動や趣味での気分転換が良い結果をもたらす

家事以外にも、**趣味の時間や健康のための運動などを、気分転換として活用する**のもよいと思います。

私は、気分転換をしたいときにはピアノや書道、ジョギングなどをします。書道は、書いている間は注意力が高まり、筆に墨を含ませる量や筆先のさばき方、文字の姿、余白、配置、筆運びなどに意識を向けていると、普段使わない神経が働いているようでリフレッシュできます。

3分間運動をするだけでも、高揚感をもたらす脳内化学物質のドーパミンとアドレナリンが分泌されます。すると、より楽天的になり、集中力やエネルギーが高まり、ストレスが減少するそうです。

ですから、頭が疲れたときなどには、気分転換に運動をすることもおすすめです。

ただし、ちょっと気分転換のつもりで始めたことに熱中してしまい、あっという間に時間が経ってしまうということもあるので、アラームを設定してから行いましょう。

忙しいときには、趣味や運動の時間、生活時間を削ろうとする人が多いと思います。リフレッシュタイムを取ることに罪悪感を持つ人もいますが、これも**「時間の投資」**です。むしろこの時間を取ることで、良い結果につながっていくはずです。

32

時間をうまく使う人は

テレワークをうまく活用し、

追われる人は

生産性が下がる。

テレワーク時代のコミュニケーションの取り方

これでは
コミュニケー
ションが
取れないなぁ
関係性が
薄れて
しまう…
OPEN!!
みなさん、今、私は
対応できますよ！
気軽に連絡ください！

自分からオープンにして、コミュニケーションを取りやすい状況をつくる

マイルールで テレワークを上手にこなす

在宅勤務において、通勤時間や客先への移動時間、出張などの減少、子育て・介護との両立のしやすさ、ワークライフバランスの向上などのメリットを感じている人もいるでしょう。一方、コミュニケーションの減少による生産性の低下や、仕事環境づくりの困難さ、過重労働などの悩みも発現しました。ここでは特に、次の2点の視点で見ていきましょう。

①コミュニケーション

テレワークにおけるコミュニケーションの減少で起こりうる懸念は、「進捗管理の困難、報連相の減少」「後輩育成の困難」「仕事の属人化」「孤立によるモチベーションの低下」などが挙げられます。

オフィスにいれば、疑問も気軽に聞けましたし、部署の仲間の状況も認識できていました。**テレワークでは、意識的にコミュニケーションの回数を増やす必要があるでしょう。**毎日、1~2回の定期会議、ランチタイムの共有をして雑談の機会を増やすなど施策として、話す機会を仕組化している企業もあります。

また、**コンタクトの取りやすさも大切です。**自分が今どこで、どんな作業をしているか、すぐ対応できるかできないかなど自分のステータスをわかりやすくしておく（＝視認性を高める）と、相手も連絡しやすくなります。相手の状況を慮《おもんぱか》り、コンタクトを取るか否かで悩む時間が減り、チームの生産性に影響します。

チャットやビデオ会議などのツールも浸透することで、別の問題も出てきています。気軽に会議が設定され時間を拘束される、勤務時間外、深夜、休日に緊急でない連絡が飛んできて休まらないといったものです。「緊急のトラブル時以外は、業務時間外の連絡は自粛する」など、暗黙のマナーでなく、明確なルールとする必要があるかもしれません。

②セルフマネジメント

仕事と生活の区別が曖昧となり、長時間労働を招くことがあります。特に家で仕事をする場合、邪魔が入り集中しづらい環境になりがちです。また、やろうと思えば夜や休日も仕事ができてしまうので、メリハリなく時間を使ってしまうこともあるでしょう。反対に、他者の目がないことで緊張感がなくなり、つい怠けて、効率が悪くなるという人もいます。

●マイルールを作ってルーティン化

テレワークでも、**自分の業務の開始・終了時間を決め、なるべく守りましょう。**仕事スタートのスイッチが入りやすくなります。

●タスク管理の徹底

1人で仕事をするときは、**スケジュールを立て、着実に完了していく自己管理力が不可欠です。**先延ばし癖のある人は、特に仕事納品の日程から逆算したスケジュールを遵守する意識が必要かもしれません。1人で籠ることによる情報格差を生じさせないためにも、周りの情報を取りに行く時間もあるとよいでしょう。

●環境づくり

オフィスでなくても生産性高く&ストレスなく仕事をするために、PCや通信環境、セキュリティなど**仕事がしやすい環境を作りましょう。**また、集中するために仕事時間は声を掛けないよう家族の協力をあおぐ、静かなシェア・オフィスを利用する人もいました。1人だとサボってしまう、やる気が出ない人は、オンライン会議のツールを仲間と繋いだまま、お互い黙って仕事をするという手を使っている人もいます。

テレワークをうまく活用するには、マイルールが大切

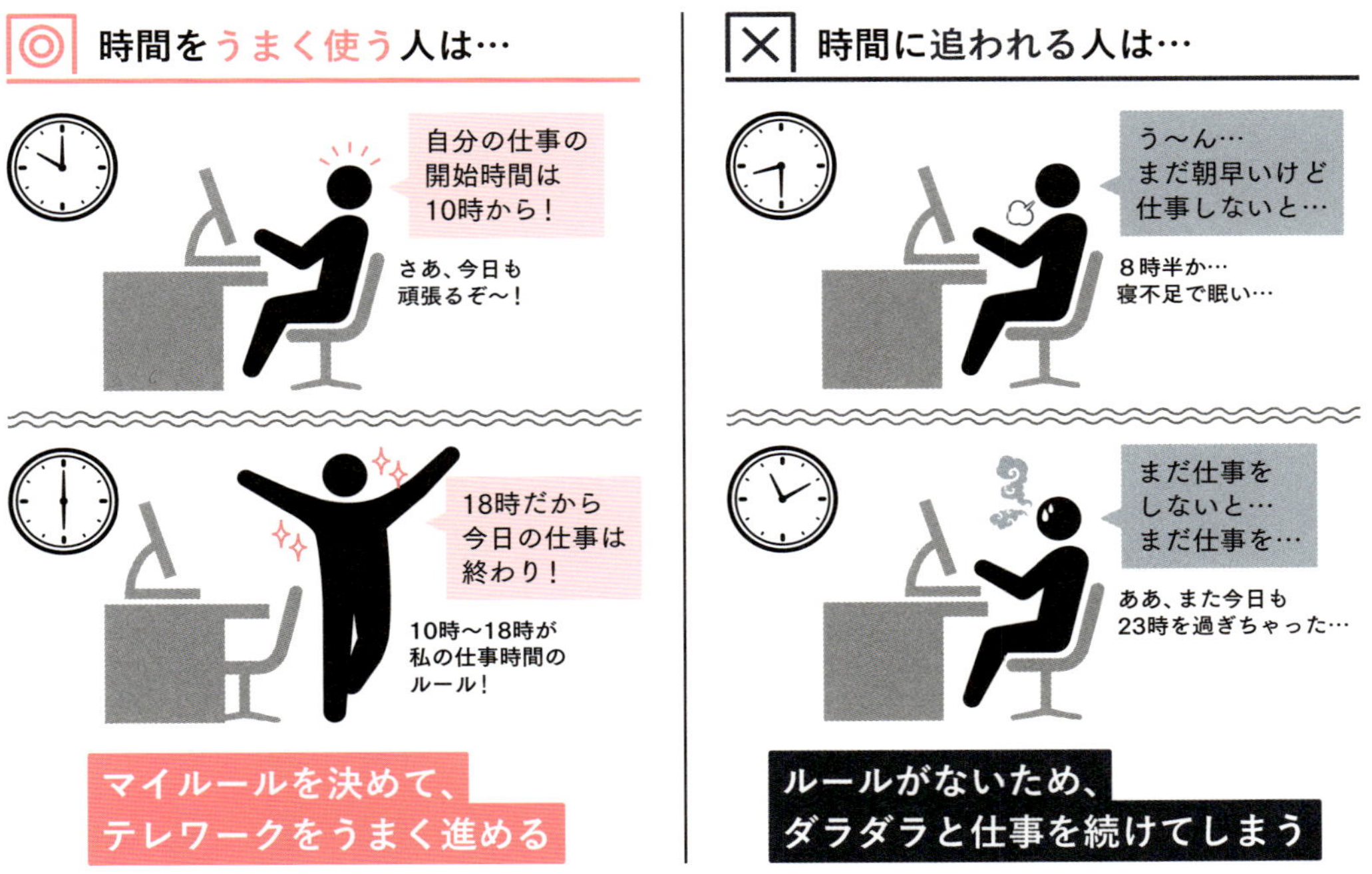

◎ 時間をうまく使う人は…
自分の仕事の開始時間は10時から！
さあ、今日も頑張るぞ～！
18時だから今日の仕事は終わり！
10時～18時が私の仕事時間のルール！
マイルールを決めて、テレワークをうまく進める
× 時間に追われる人は…
う～ん…まだ朝早いけど仕事しないと…
8時半か…寝不足で眠い…
まだ仕事をしないと…まだ仕事を…
ああ、また今日も23時を過ぎちゃった…
ルールがないため、ダラダラと仕事を続けてしまう

CHAPTER 5

環境・仕組みづくり編

まとめ

時間をうまく使う人は

「集中できる環境」をつくり、目の前のことに集中する！

時間をうまく使う人は

自分が使いやすいよう物を整理する！

時間をうまく使う人は

そもそも物を持ちすぎない！

時間をうまく使う人は

仕組みでラクに自分を動かす！

時間をうまく使う人は

生活時間もリフレッシュタイムとして活用する！

時間をうまく使う人は

オンラインでは意識してコミュニケーションの回数を増やす！

CHAPTER 6

メンタル編

The Power of Habits will Change Your Life.

The Method of Get Control of Your Time and Life
-38 Habits of Improving Your Life

33

時間をうまく使う人は

自分の傾向を理解し、

追われる人は

自分の傾向を無視する。

まずは自分の傾向を知っておくこと

時間の使い方にも、人によって傾向があります。**自分の傾向は強みにも弱みにもなるため、まず知っておくこと**が大切です。

時間に追われる人に多いのは、完璧主義の傾向です。完璧を目指し、際限なく時間をかけようとするので、仕事は締め切りギリギリです。すべて完璧に仕上げようと、重要でないことにも力を入れてしまいます。

こういった人は、ミスも少ないために仕事をよく任され、余計に忙しくなってしまうのです。効果的な対策は、それぞれの仕事に**「ここまでできたらOK」というラインや、かけていい時間の制限を事前に設定しておく**こと。時間が余ったら精度を上げる、という形にするのです。

また、「忙しい人が格好いい」という仕事依存、多忙中毒の傾向の人もいます。忙しさ＝充実と思い、スケジュールの空きスペースを嫌って、依頼された仕事を断らず、より多くをこなそうと考えます。

この傾向がある人は、休みを先に押さえましょう。「スケジュールが空

自分の傾向は強みにも弱みにもなるため、まずは知っておく

たとえば…

「仕事依存、多忙中毒タイプ」

- 忙しさ＝充実と思い、スケジュールの空きを嫌う
- 依頼された仕事を断らず、より多くこなそうとする

たとえば…

「八方美人タイプ」

- 断るのが苦手なので、「いつも依頼を引き受けてくれる」と重宝される
- 褒められると献身的に尽くすので、タスク過多になりやすい

たとえば…

「やることをギリギリで収めるのが好きなタイプ」

- 少ない時間の中で集中して仕事を完成させようとする
- 着手は遅く、アクシデントに弱い

たとえば…

「面倒くさがりタイプ」

- 効率を考えて、うまくラクをしようとする
- アドリブがききにくいので、突発的なことが起こると弱い

自分はどんな
タイプなんだろう？
傾向をしっかり
知っておかないと！

自分の傾向に合わせた時間の使い方を考える

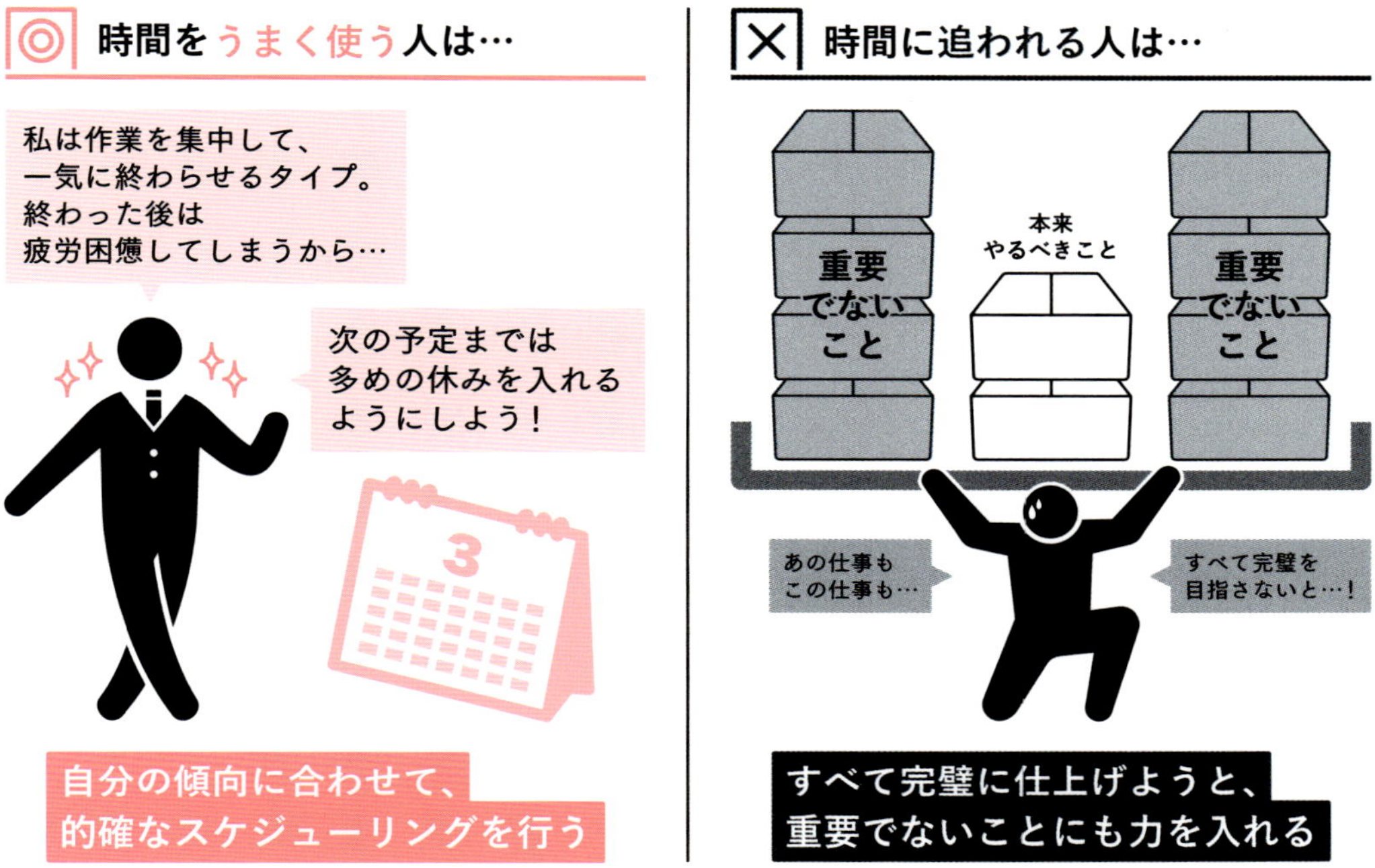

◎ 時間をうまく使う人は…
私は作業を集中して、一気に終わらせるタイプ。終わった後は疲労困憊してしまうから…
次の予定までは多めの休みを入れるようにしよう！
3
自分の傾向に合わせて、的確なスケジューリングを行う
× 時間に追われる人は…
重要でないこと
本来やるべきこと
重要でないこと
あの仕事もこの仕事も…
すべて完璧を目指さないと…！
すべて完璧に仕上げようと、重要でないことにも力を入れる

いているところで休む」のではなく、休みとして予定を入れるのです。

　タイプは異なりますが、同じく依頼されることが多く、仕事量が増えがちなのが、八方美人タイプです。断るのが苦手なので、「いつも依頼を引き受けてくれる」と重宝されます。しかも、褒められると献身的に尽くすので、タスク過多の状態になりやすいのです。

　やることをギリギリで収めるのが好きな人もいます。少ない時間の中で集中して仕事を完成させようとするので、着手は遅く、アクシデントに弱いタイプです。ただ、そういった人は基本的に器用なので、リスクヘッジをしておく、着手は早めにしておくなどの対策が有効です。

　面倒くさがりの人は、効率を考えてうまくラクをしようとするので、突発的なことに弱いようです。

自分の傾向に合ったスケジューリングを行う

　大切なのは、**自分の傾向に気づくこと**です。そのためには、22〜23ページでお伝えした、**自分で時間記録をつけて分析すること**、また「**なぜ忙しくなったのか？」と振り返り評価をすること**がポイントです。

　自分のクセは、自分を俯瞰する（メタ認知）ことで把握できます。他の人からフィードバックを受けてもいいでしょう。自分のクセが良くない結果を引き起こしていることが自覚できれば、その行動をやめることができます。それに気づかなければ、対処すらできません。

　時間をうまく使う人は、**自分の傾向を把握した上で、それに合わせた時間の使い方を考えます。**

　たとえば私は、作業を集中して一気に終わらせるタイプなのですが、終わった後は疲労困憊します。ですから、次の予定までは多めの休みを入れるようにしています。

　この自分の傾向を無視して次のタスクをすぐに入れてしまうと、疲労困憊した状態で次のタスクに取りかかることになり、効率も精度もかなり下がると思います。

　自分の傾向を把握できていれば、あらかじめ自分に合ったスケジューリングを行うことができます。自分の傾向が悪い方向に出ていると気づいたら、うまく活用できる時間の使い方を工夫してみてください。

34

時間をうまく使う人は

楽しみを見つけ、

追われる人は

イヤイヤ続ける。

モチベーション（動機づけ）には２つの種類がある

① 内発的動機

楽しいことをやりたい！

能力を発揮したい！

誰かの役に立ちたい！

本能的欲求によって動かされる！

何事にも楽しみながら取り組める人は、内発的動機づけを利用している！

やりたいことを**自分で選択する**ため、ストレスなく取り組める

② 外発的動機

ご褒美　頑張ったら、これが手に入る

懲罰　できなかったら、とても困る…

ご褒美に釣られる場合や、懲罰で動かされる場合などがある

使い方次第でモチベーションアップにも活用できるが、取り扱いには注意が必要！

「褒められないから、やらない」といった**負の作用が起こる**こともある

内発的な動機づけで自分のやる気を引き出す

経営者には、寝食を忘れて会社のことを考えている人もいます。多忙でもイヤイヤやっているわけではなく、コーチングの中でも話がすぐに会社の将来や社員のことに向かい、楽しそうにしています。

そのように前向きに取り組めるのは、**自分のやる気に火をつけるマインドセットを知っている**からではないかと思います。

時間をうまく使う人は、**内発的な動機づけがうまいです。**

モチベーション（動機づけ）には2つの種類があります。自らの内側からの欲求によって動機づけられる内発的動機と、外部からもたらされたものによる外発的動機です。

内発的動機は、楽しいことをやりたい、能力を発揮したい、誰かの役に立ちたいなど、本能的欲求によって動かされるものです。**やりたいことを自分で選択して行うため、ストレスなく取り組め、パフォーマンスも高く、長続きします。**何事にも楽しみながら取り組める人は、内発的動機づけを利用しています。

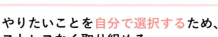

外発的動機づけには、「頑張ったら、これが手に入る」とご褒美に釣られる場合や、「できなかったら、とても困る」という懲罰で動かされる場合などがあります。アメとムチのイメージです。

行動や考え方を変えると、感情も同じ方向に変わる

時間をうまく使う人は、**不安や恐怖で動かされるのでなく、自分のWANTで動いています。**

外発的動機づけは、使い方次第でモチベーションアップにも活用できますが、取り扱いには注意が必要です。「褒められないから、やらない」「儲からないから、やらない」といった負の作用も起こり得ます。

また、自発的に（内発的動機）やっていることだったのに、後づけで報酬が出ることでやる気が削がれるという「アンダーマイニング効果」も知られています。

アメリカの精神科医、ウィリアム・グラッサー博士による選択理論（リアリティセラピー）では、人が行動するときのからくりを、自動車でたとえています。自動車のエンジンが基本的欲求であり、前輪は「行為（行動）」「思考」、後輪は「感情」「生理反応」です。**自分の行動や考え方を変えると、感情も同じ方向に変わり、やる気が生まれます。**

「やる気が起きないときは、まず行動すれば、やる気が後からついてくる」とよく言われます。やっているうちに、その行動に集中していく現象は**「作業興奮」**と呼ばれます。行動を先にコントロールすることで、感情が従ってくる例の一つです。

まずは行動を始めることで、その中にある楽しみを見つけられることもあるでしょう。

上司の指示や他人からの依頼で負担に思うものでも、自分のキャリアという視点で考えれば**「成長するチャンス」**ととらえられ、前向きに行動できるかもしれません。

面倒な仕事を頼まれたときに、**「頼まれごとは、試されごと」としてポジティブに考える**クライアントもいました。

我慢している時間も、どんな時間もあなたの人生の一部です。前向きに、自分にとって意味のあるものとして、楽しみながら取り組みたいものです。

内発的動機づけで、自分のやる気に火をつけよう

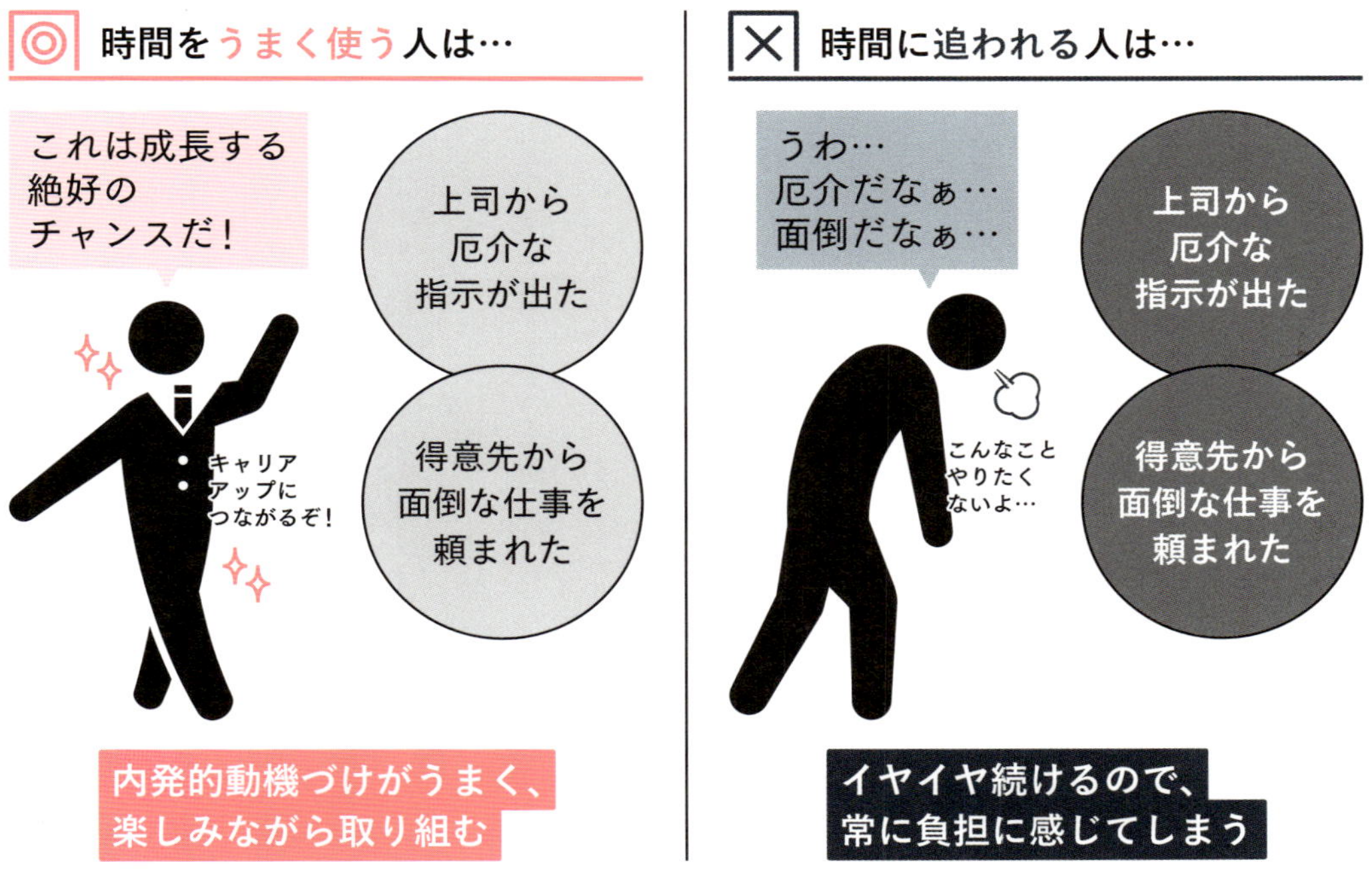
◎ 時間をうまく使う人は…
これは成長する絶好のチャンスだ！
上司から厄介な指示が出た
得意先から面倒な仕事を頼まれた
キャリアアップにつながるぞ！
内発的動機づけがうまく、楽しみながら取り組む
× 時間に追われる人は…
うわ…厄介だなぁ…面倒だなぁ…
上司から厄介な指示が出た
得意先から面倒な仕事を頼まれた
こんなことやりたくないよ…
イヤイヤ続けるので、常に負担に感じてしまう

35

時間をうまく使う人は
自分との約束を守り、

追われる人は
自分を蔑ろにする。

自分のことも大切にして、自分に対して予約をする

スケジュールに書かれた予定は、自分とのアポイントです。いつも自分の予定を後回しにして外部からのスケジュールを優先し、自分を蔑ろにしてはいないでしょうか。

自分の予定より、仕事や他人との予定を優先していると、自分のやりたいことはできません。**スケジュールを立てることは、自分に対して予約をすること**です。

しかし、仕事や目先のやるべきことなどに追われると、自分の予定を変更して対応してしまいがちです。大切なお客様との会議が入ったために、自分の作業時間が後ろに追いやられて残業になることも、あるかもしれません。

自分より他者を尊重できるのは素晴らしいことですが、それが続くと、いつまでも自分のための時間が取れず、成功体験も得られません。自己肯定感も低下してしまうでしょう。

いつも自分に我慢させてしまっていると感じる人は、自分を大切にしてください。自分の重要な予定と重なったら、仕方のない場合を除いて

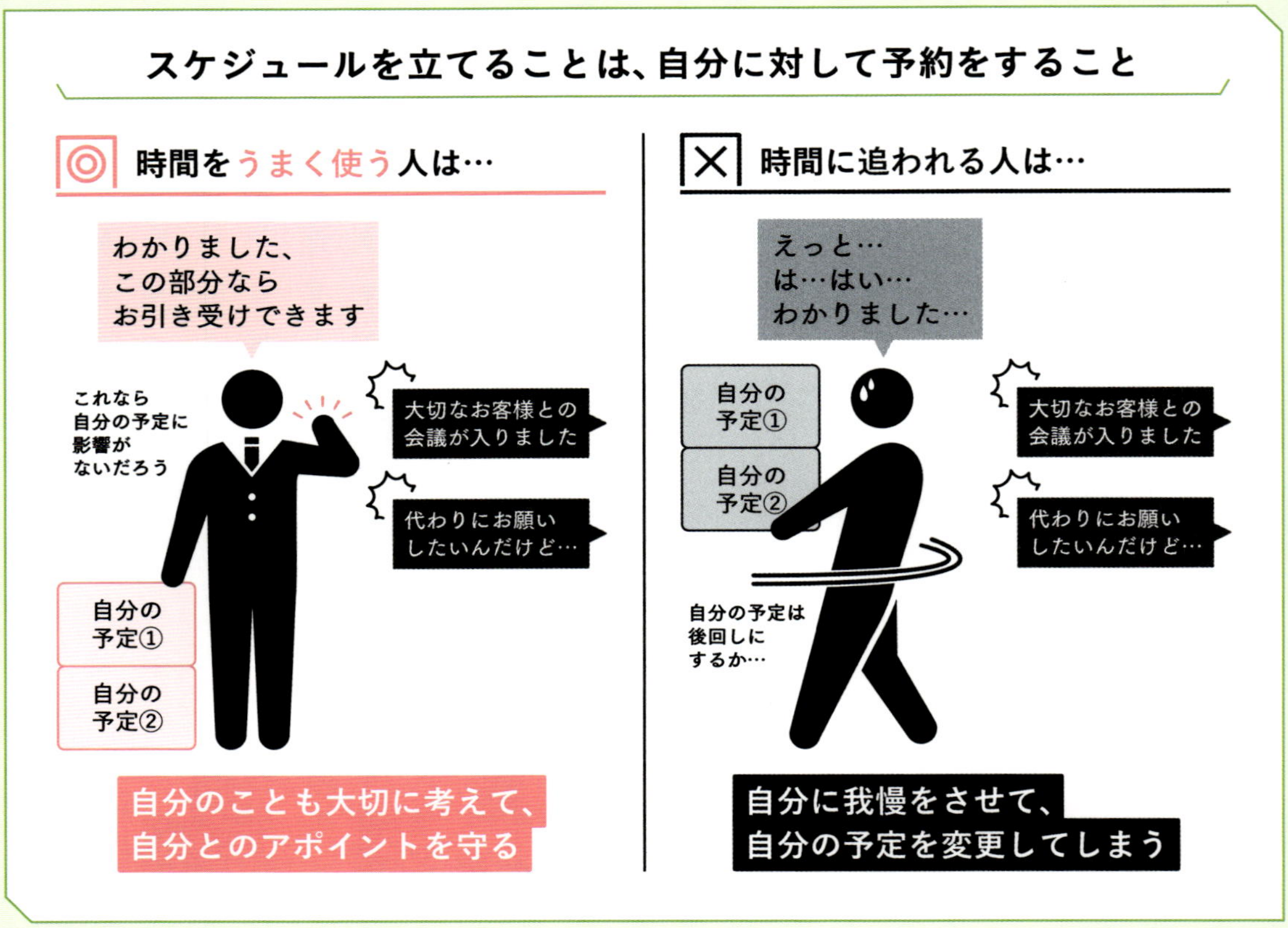

マイルールは、適度なハードルにする

ルールが適切なレベルであれば、ストレスを感じずに継続しやすくなる

「残念ながら、そこは予定が入っています」と断ることもできます。本来は自分を優先したいものです。

自分に必要なレベルで、適度なハードルを考える

自分を大切にすることとは、自分の予定を優先することだけではありません。自分で決めたルールを守ることも、自分を慈しむことです。

あなたは、自分との約束の**マイルール**を持っていますか？　たとえば、コーチングの中でクライアントから出てきたマイルールには、

- **仕事時間の2割は、緊急ではないが重要な仕事をする**
- **午前中は、雑務や単純作業の仕事はしない**
- **朝の通勤時間は、自分の成長につながることをする**
- **動画は倍速で観る**
- **決まった日に、人間ドックを予約する**

といったものがありました。

ルールに沿って行動することがストレスと感じるため、「ルールは持たない」という人もいますが、**ルールが適切なレベルではないから、ストレスに感じる**のかもしれません。

運動習慣のない人が、いきなり毎朝5時に起きて10㎞走るマイルールをつくったとしたら、いくら健康のためとはいえ、きっとストレスになるでしょう。

この場合は、走るのが心地よく感じられる程度の目標を設定し、走ることでその日のパフォーマンスが良くなったなどのメリットを感じられれば、継続できるでしょう。

目標を立てるときはやる気も高いので、ハードルの高いルールを設定しがちです。マイルールは、物事を判断するときの自分の基準にもなるので、緩すぎてもいけません。

しかし、厳しすぎると自分を縛るものになり、ストレスになってしまいます。

また、人に自慢するためのマイルールではないので、格好をつけず、**自分に必要なレベルで、適度なハードル**を考えましょう。

時間をうまく使う人は、**人との予定ばかりに振り回されず、自分で決めた予定やルールも大切にしています。**自分のことを後回しにしすぎていないか、一度振り返ってみるのもおすすめです。

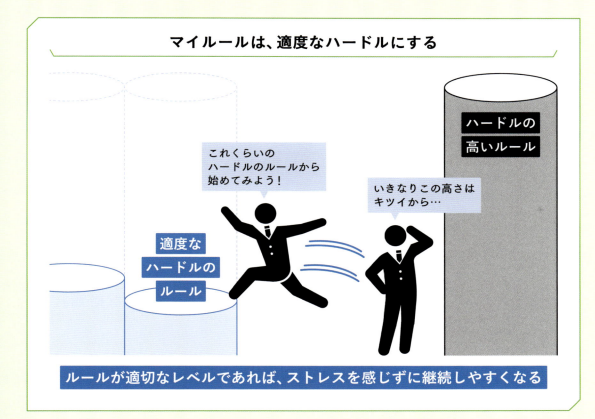

36

時間をうまく使う人は

ウェルビーイングを意識して動き、

追われる人は

健全でない働き方をする。

ウェルビーイングを高める「PERMA」の5つの要素

Positive emotion（ポジティブな感情）
喜びや前向きな思考などの肯定的な感情

Engagement（積極的な関わり、没頭）
何かに夢中になって没頭する

Relationship（他者とのつながり）
周りと支え合うといった人間関係を持つ

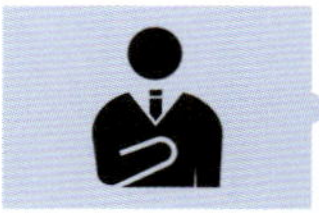

Meaning（有意義な人生）
人生の意義や生きる目的を持つ

Achievement（目標の達成感）
何かを達成する

「ただ生きること」と「よく生きること」は異なる

ウェルビーイングとは、良い状態、つまりその人にとって幸福な状態のことです。健康的で、仕事とプライベートにやりがいを感じられるワークライフバランスを考えるときにも、時間の使い方を考えるときにも必要な視点です。

健康とは、病気ではないことではなく、「肉体的、精神的、社会的に満たされていること」とWHO（世界保健機関）によって定義されています。「ただ生きること」と「よく生きること」は異なり、ウェルビーイングを意識した働き方が大切です。ウェルビーイングの定義は、マーティン・セリグマンの理論によると、次の5つの頭文字を取った「PERMA」という要素で説明されています。

- **Positive emotion（ポジティブな感情）**：喜びや前向きな思考などの肯定的な感情
- **Engagement（積極的な関わり、没頭）**：何かに夢中になって没頭する
- **Relationship（他者とのつながり）**：周りと支え合うといった人間関

係を持つ

- **Meaning（有意義な人生）：人生の意義や生きる目的を持つ**
- **Achievement（目標の達成感）：何かを達成する**

時間の使い方を考える上でも、幸せに生きるためにはこれらの要素がヒントになるはずです。

幸福感やポジティブ感情は、人をさらに幸せする

時間をうまく使う人は、**忙しい中でも大切なものに時間を使っています。**「PERMA」の要素を日常にうまく入れ込んでいるのです。

たとえば、クライアントの中には、忙しい中でも合間を縫って姪っ子に会いに行っている、猫が遊べるキャットタワーや棚をDIYしている、点字ボランティアをしている、といった人がいました。ウェルビーイングの視点から見ても、豊かな時間の使い方だと思います。

幸福感やポジティブ感情は、人をさらに幸せします。バーバラ・フレデリクソンは、「ポジティブ感情は物の見方を変え、意欲的に関わろうと活動を促進するなど、好循環を起こす」としています。活動の量やレパートリーが増えると、分母が大きくなり、成功する確率も高くなるでしょう。成功したから幸せになったというより、幸せだから成功したといえます。ポジティブ感情は、良いスパイラルをもたらしてくれるのです。

幸福を感じるには、証明された一つのパワフルなやり方があります。

一週間だけ、毎日、寝る前に一日を振り返り、良かったことを3つ書き留めます。そして自分の果たした役割について考えると、コントロール感が高まり、ウェルビーイングが高まるのです。こうすることで6か月にわたって幸福感が増し、落ち込みが軽減されたそうです。

他にも、**他人に親切にする、出来事をよく味わう**ことなども効果があります。「良い出来事に気づき、味わうこと」が大切なのだそうです。

良い出来事に気づくことがなければ、自分がラッキーに恵まれていることにも気づけないでしょう。自分が恵まれていると感じられれば、さらに他人にも親切にできます。

何かを時間内に収めることだけを考えるのではなく、質の良い時間を過ごすことも考えたいものです。

忙しい中でも、豊かな時間の使い方をしよう

時間をうまく使う人は…
忙しい…けど、合間を縫って姪っ子に会いに行っています！
おじさん、こんにちは〜♪
やあ、また会いに来たよ〜
忙しい中でも大切なものに時間を使っている
時間に追われる人は…
忙しい…忙しい…！
忙しい…忙しい…！
忙しかったら毎日、ただ忙しく過ごすだけ

CHAPTER 6

メンタル編

まとめ

時間をうまく使う人は

自分で分析して、自分の傾向を把握している！

時間をうまく使う人は

自分の傾向に合った時間の使い方をする！

時間をうまく使う人は

内発的な動機づけで自分のやる気を引き出している！

時間をうまく使う人は

不安や恐怖で動かされるのでなく、自分のWANTで動く！

時間をうまく使う人は

自分を大切にするマイルールを持っている！

時間をうまく使う人は

人とのつながりやポジティブな感情を大切にしながら毎日を過ごす！

CHAPTER 7

人生編

The Power of Habits will Change Your Life.

The Method of Get Control of Your Time and Life
-38 Habits of Improving Your Life

37

時間をうまく使う人は
ひとり作戦タイムを持ち、
追われる人は
自分と向き合う時間を持たない。

自分と向き合う時間を持つと、軸が定まる

ここでは、**ひとり時間に自分を知るため**のヒントをご紹介します。

まずは、短い時間でも自分と向き合う時間をつくり、明日1日をどう過ごすかデザインしてみましょう。「こんなはずじゃなかった」と後悔しないためにも、方向性（コンパス）を持っておくことは必要です。**自分と向き合う時間を持つことで、軸が定まり、足元が固まります。**自分が目指す方向がしっかりわかっていることは、時間の使い方の基本方針が定まることなのです。

時間をうまく使う人は、**ひとり作戦タイムを持っています。ひとり時間に、今自分が取り組んでいることの棚卸しや、未来の計画づくりを行います。**平日の朝30分、週末に2時間のひとり作戦タイムを持っている人もいますが、忙しい場合は毎日10分程度でもよいでしょう。

日々の行動を、将来像や目標ともリンクさせる

頭にあるタスクを外に書き出すと、

ひとり作戦タイムを持って、自分と向き合う
時間をうまく使う人は…
明日1日をどう過ごそうか？
今、取り組んでいることは
○○と□□と△△だから…
自分が
目指す方向は
これだな
短くても、自分と向き合う時間
（＝ひとり作戦タイム）を持っている
時間に追われる人は…
どうしてこんなことに
なってしまったんだろう…？
こんなはずじゃ
なかった…
もう、何からやれば
いいかわからない…
自分と向き合う時間を持たず、
後悔することが多い

私がおすすめする「ToDoリスト」の作成方法

① 書き出す

頭の中にある「やるべきこと」「やりたいこと」「気になること」をすべて書き出す。仕事のタスクだけでなく、プライベートも含めて書き出すのがポイント。

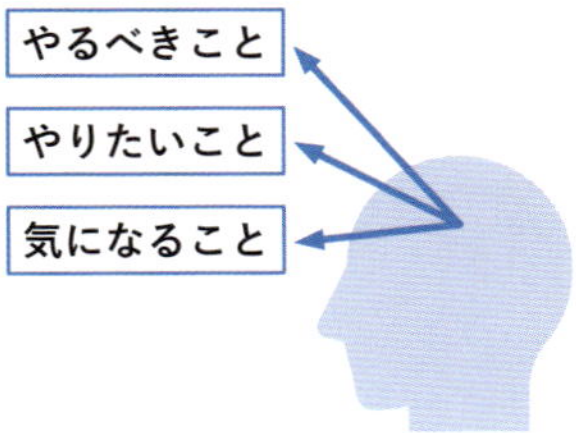

② 仕分け

フォルダをつくって、たとえば「2分以内にできること」「今週中にやること」「今月やること」「年内には完成させたいこと」「いつかやりたいこと」などのタスクに仕分けをする。

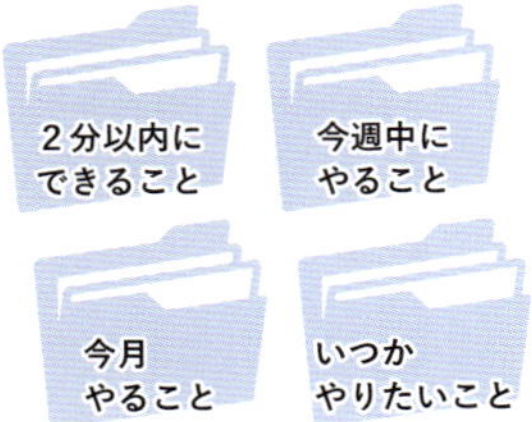

③ 行動

実際に行動する前にカレンダーに書き込み、必要な時間を確保する。①と②でやるべきことを洗い出し、緊急度を把握できているので、あまり悩まずに実行できるはず。

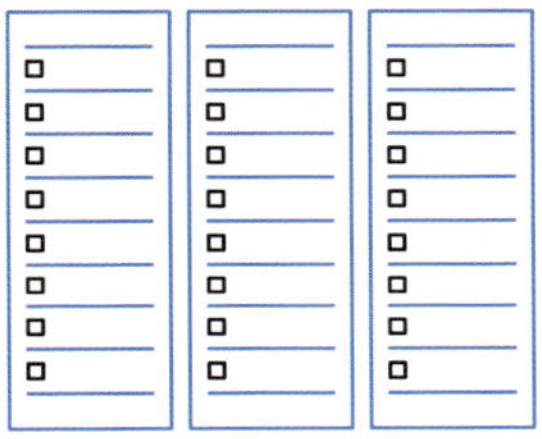

④ 更新

毎回ゼロからタスクを書き出し、仕分けをするのは時間がかかるので、実行したものは削除、タスクが増えたらその都度追加して更新する。

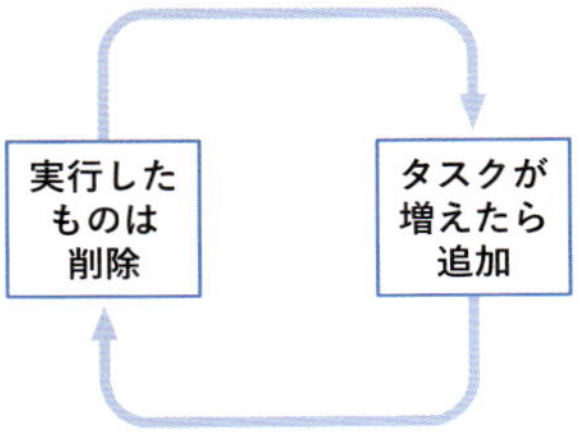

ワーキングメモリを解放できて、時間の焦りから解放されます。

タスクの棚卸しは、『ストレスフリーの仕事術　仕事と人生をコントロールする52の法則』（デビッド・アレン）で「収集⬇処理⬇整理⬇レビュー（更新）⬇実行」の流れで紹介されています。

私は、これをシンプルにした**「①書き出す⬇②仕分け⬇③行動⬇④更新」**の流れで、ToDoリストをつくる方法をおすすめしています。

まず、**「①書き出す」**では、頭の中にある「やるべきこと」「やりたいこと」「気になること」をすべて書き出します。仕事のタスクだけでなく、プライベートも含めて書き出すのがポイントです。

「②仕分け」では、フォルダをつくって、たとえば「2分以内にできること」「今週中にやること」「今月やること」「年内には完成させたいこと」「いつかやりたいこと」などのタスクに仕分けをします。

このフォルダ内のタスクも精査する必要があります。「実はやる必要がないこと」「他人に任せられること」「今から少しずつ進められそうなこと」などに分類するとよいでしょう。

「いつかやりたいこと」は、再考する日付を入れてカレンダーに反映しておくと、実現しやすくなります。

「③行動」では、実際に行動する前にカレンダーに書き込み、必要な時間を確保します。タスクの書き出しと仕分けによって、やるべきことを洗い出し、緊急度を把握できているので、あまり悩まずに実行できるはずです。

「④更新」は、毎回ゼロからタスクを書き出し、仕分けをするのは時間がかかるので、実行したものは削除、タスクが増えたらその都度追加して更新する行程です。

ToDoリストを書かずにカレンダーに直接入れると、たいしてやる必要がないことでも優先度を無視してスケジューリングしてしまう可能性もあります。「書き出す」ことと「仕分けして予定に入れる」作業は、分けて行うのが大切です。

目標を達成していくためには、日々の行動を、自分の将来像や個人的な目標ともリンクさせることが重要です。 1日10分でもひとり時間を確保して、自分の時間の使い方の振り返りや、目指す方向性の確認をしていきましょう。

38

時間をうまく使う人は
習慣化して積み重ね、

追われる人は
付け焼き刃でかわそうとする。

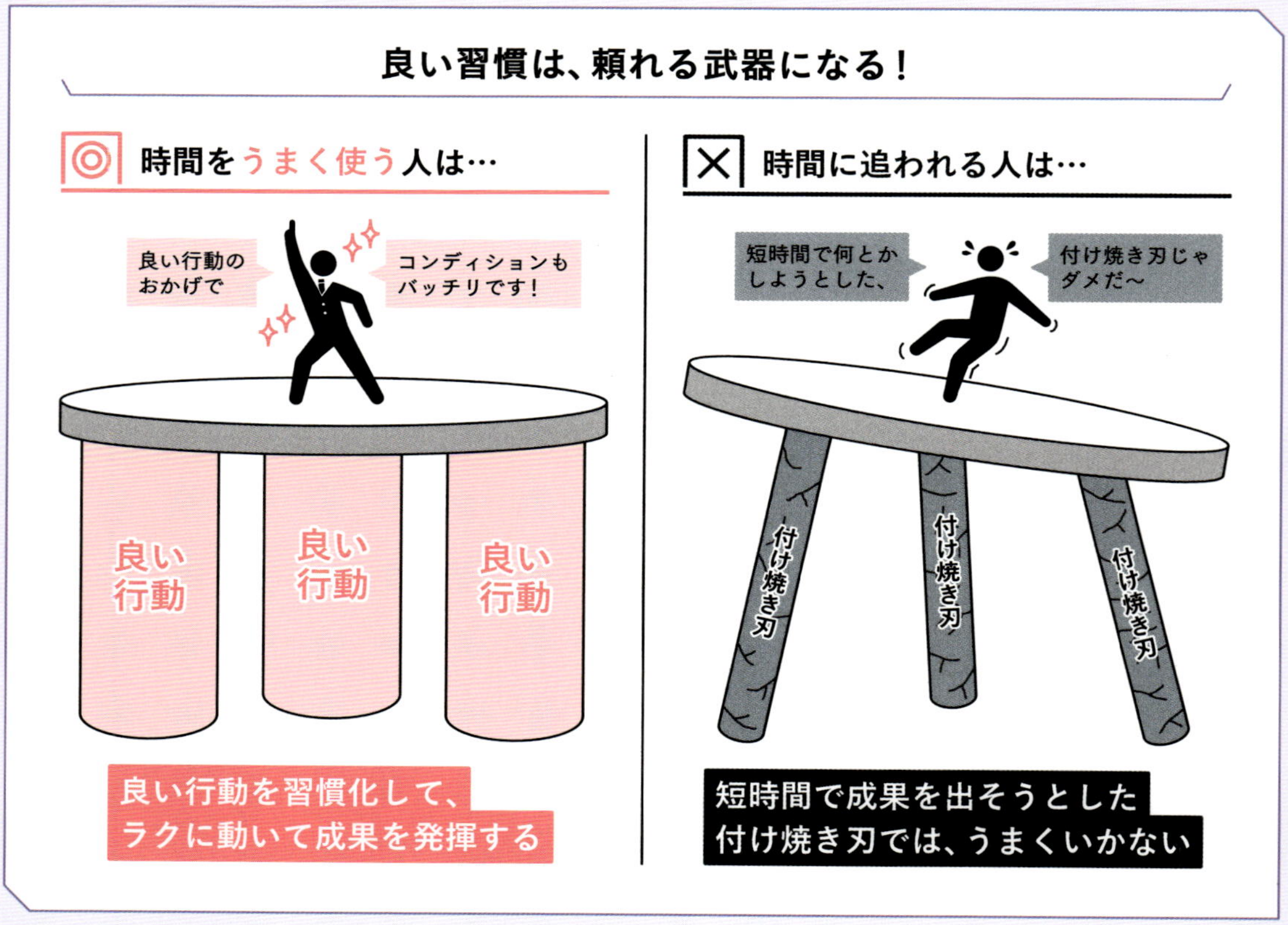

良い習慣は、頼れる武器になる！
時間をうまく使う人は…
良い行動のおかげで
コンディションもバッチリです！
良い行動
良い行動
良い行動
良い行動を習慣化して、ラクに動いて成果を発揮する
時間に追われる人は…
短時間で何とかしようとした、
付け焼き刃じゃダメだ～
付け焼き刃
付け焼き刃
付け焼き刃
短時間で成果を出そうとした付け焼き刃では、うまくいかない

良い行動は習慣化して、ラクに動けるようにする

良い習慣とは、それに乗っかって時間を積み重ねるだけで、ゴールに近づける便利なものです。**習慣を活用できる人は、その仕組みづくりがうまい**です。

良い習慣は頼れる武器になります。私たちの行動の4割は、習慣で動いていると言われます。良い行動は習慣化し、ラクに動きたいものです。

時間をうまく使う人は、**習慣をうまく使っています。**規則正しい生活や片づけなどの基本的な行動が習慣として定着しているため、常にコンディション良く、仕事でも成果を発揮することができます。

短時間で成果を出そうと考え、付け焼き刃で対処しようとするとうまくいきません。勉強であれば、一夜漬けでは知識が定着しにくいので効率が悪く、習慣として繰り返し学習する人には勝てないでしょう。

習慣を味方につければ、人生の底上げも可能

行動を上手に習慣化するためのコ

ツは、次の通りです。

- **達成目標と行動目標を分ける**
  〈例〉達成目標：3か月で5kg痩せる、行動目標：毎日ジムへ行く
- **目標の先の目的を覚えておく**
  〈例〉痩せてこの服を着たい（「〜したい」という願望の形にするとわかりやすい）
- **段階的なゴール設定にする**
  〈例〉1か月で1・5kg、2か月で3kg体重を減らす
- **目標を人に伝える**
  〈例〉仲間をつくってSNSで記録公開する
- **やらない言い訳になるものは排除**
  〈例〉「資料が揃わないからやらない」ではなく、「手持ちの資料でできることをする」と決めておく
- **プランBをつくっておく**
  〈例〉雨の日は、散歩に行かない代わりに室内で筋トレをする
- **現在行っている行動をトリガーにしてセットで実施する**
  〈例〉歯磨きのときにつま先立ち運動をする
- **できそうな期間を限定して行う**
  〈例〉まずは5日続ける（難しければハードルを下げ、三日坊主を何度もやる気持ちで気楽にやる）

人は一度失敗して自己嫌悪に陥ると、「もういいや」と目標を投げ出してしまうことがあります。

たとえば、ダイエット中に「少しだけ」と、お菓子に手を出してしまい、歯止めがきかなくなった経験はありませんか？　これを「どうにでもなれ効果」といい、失敗したことで後ろめたさを感じ、気晴らしに魅惑的な行動に走ってしまうのです。

習慣化の過程でもこうした現象が見られます。一度できないとやる気をなくし、ズルズルと元の状態に戻ろうとします。しかし、一度できなかったからダメと考えるのではなく、**「できなかった理由を見つけられた」と思って継続する**ことが大切です。

「はじめは人が習慣を作り、それから習慣が人を作る」とは、イギリスの詩人、ジョン・ドライデンの言葉です。習慣は、自制心（セルフ・コントロール力）を証明します。習慣化したい行動が継続できて目標が達成できれば、自信も生まれます。

習慣を味方につけて、良い行動をラクに継続できるようにしてしまいましょう。まずは睡眠、食事、運動といった基本的な生活習慣から整えることをおすすめします。

習慣は、自制心（セルフ・コントロール力）を証明する

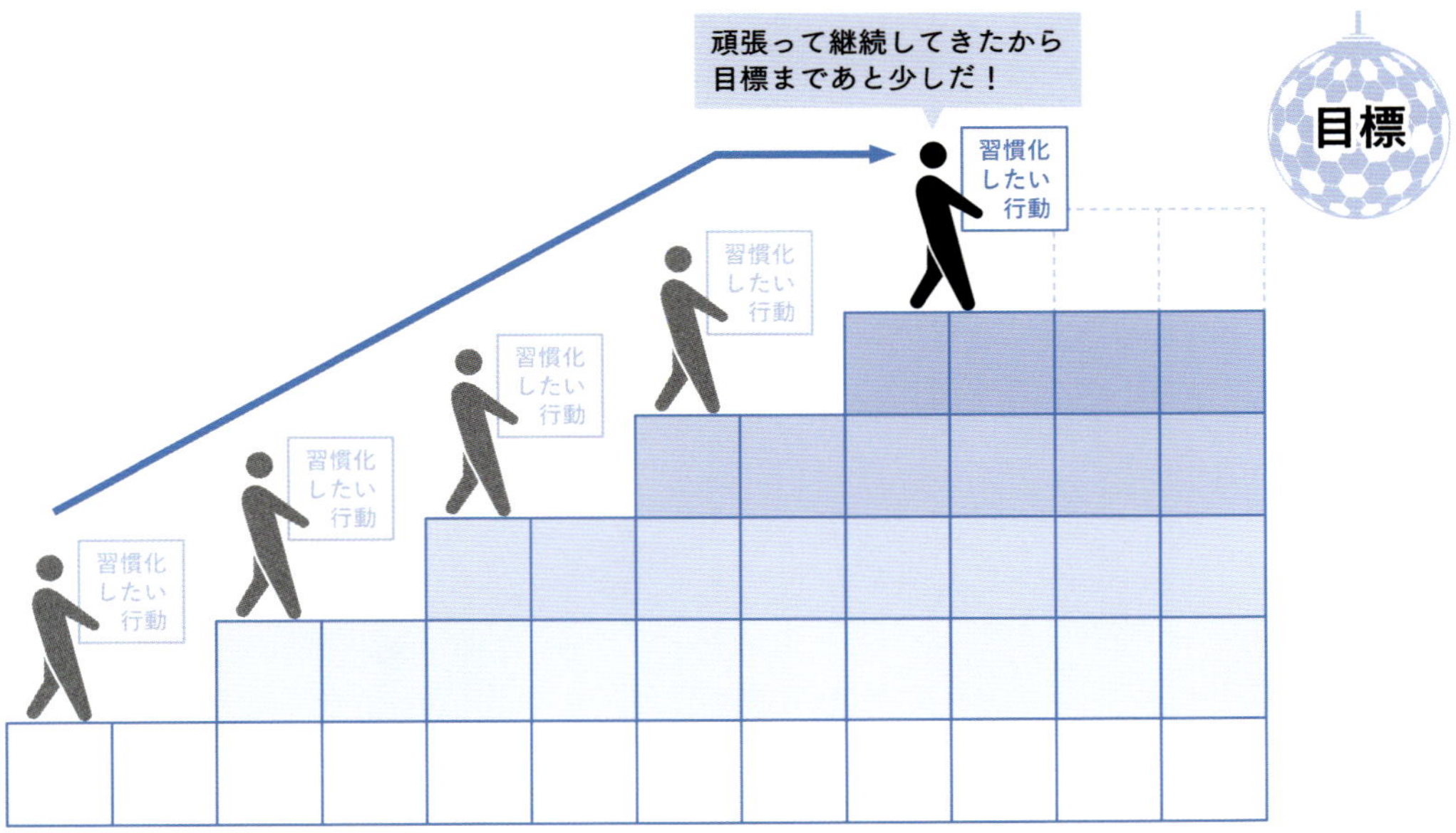
頑張って継続してきたから
目標まであと少しだ！
目標
習慣化
したい
行動

習慣化したい行動が継続できて目標が達成できれば、自信も生まれる

CHAPTER 7

人生編

まとめ

時間をうまく使う人は
自分と向き合う時間を持っている！

時間をうまく使う人は
ひとり時間に取り組んでいることの棚卸しや未来の計画づくりを行う！

時間をうまく使う人は
日々の行動を自分の将来像や個人的な目標ともリンクさせる！

時間をうまく使う人は
良い習慣の仕組みづくりがうまい！

時間をうまく使う人は
良い習慣で自分のコンディションや人生を底上げする！

時間をうまく使う人は
習慣を味方につけて、良い行動をラクに継続できるようにしている！

おわりに

「人は物を買う時は、お金で買っていない。そのお金を貯めるために人生を割いた時間で買っているのだ」

昔、テレビで見た世界一貧しい大統領として有名なホセ・ムヒカさん（ウルグアイ元大統領）の時間についての言葉に私は心が揺さぶられ、手帳に書き留めていました。

「人は物を買う時は、お金で買っていない。そのお金を貯めるために人生を割いた時間で買っているのだ」

「若さを奪われてはいけないよ。少しずつ使いなさい。まるで素晴らしいものを味わうように、生きることにまっしぐらに」

そしてこの先の夢、目標を聞かれたとき、彼はこう答えるのです。

「私がいなくなったときに、他の人の運命を変えるような若い子たちが残るように、貢献したいんだ」

なんて素敵な時間の使い方だろう！　と思いました。

その夢に至る時間は、きっと簡単ではないと思いますが、充実しているはずです。

本書を手に取ってくださった方々も、今この瞬間やこれから未来の時間に、何かに心を奪われ、大切な人と幸せな時を過ごし、充実した時を過ごされることを心から願っています。

最後までお読みいただき、ありがとうございました。

そして、この本を完成させるのにご尽力いただいた明日香出版社のみなさん、これまで時間の使い方やコーチングや心理学について研究してくださった諸先輩方には、大変お世話になりました。心より御礼を申し上げます。

滝井いづみ

主な参考文献リスト
（順不同／著者敬称略）

- 『嫌われる勇気』（岸見一郎・古賀史健著、ダイヤモンド社）
- 『働く人のためのアドラー心理学』（岩井俊憲著、朝日新聞出版）
- 『ポジティブ心理学が１冊でわかる本』（イローナ・ボニウェル著、成瀬まゆみ他訳、国書刊行会）
- 『スマホ脳』（アンデシュ・ハンセン著、久山葉子訳、新潮社）
- 『幸せがずっと続く12の行動習慣』（ソニア・リュボミアスキー著、金井真弓訳、日本実業出版社）
- 『秋本治の仕事術』（秋元治著、集英社）
- 『ストレスフリーの仕事術』（デビット・アレン著、田口元訳、二見書房）
- 『サーチ・インサイド・ユアセルフ』（チャディー・メン・タン著、柴田裕之訳、英治出版）
- 『TIME SMART』（アシュリー・ウィランズ著、柴田裕之訳、東洋経済新報社）
- 『スタンフォード式 最高の睡眠』（西野精治著、サンマーク出版）
- 『選択の科学』（シーナ・アイエンガー著、櫻井祐子訳、文藝春秋）
- 『時間資本主義の時代』（松岡真宏著、日本経済新聞出版）
- 『レジリエンスとは何か』（枝廣淳子著、東洋経済新報社）
- 『「レジリエンス」の鍛え方』（久世浩司著、実業之日本社）

PROFILE

滝井いづみ Izumi Takii

Office FONTANA代表　パーソナル・コーチ、タイムマネジメント・コーチ
日本プロフェッショナル講師協会認定講師
財団法人生涯学習開発財団認定コーチ
ボブパイク・オンライン研修認定講師
日本レジリエンスエデュケーション協会レジリエンストレーナー
ポジティブ・ジョブクラフティング認定講師

香川県出身東京在住。青山学院大学文学部卒業、旅行会社８年勤務、第２子出産後、Coach21（現在のCoach A）にてコーチングを学び、タイムマネジメント・コーチ、パーソナル・コーチとしてビジネスパーソンを15年以上支援。コーチングを活かしたビジネス・コミュニケーション、段取り、レジリエンスなどのテーマで大手企業、官公庁にて研修講師としても登壇を続ける。雑誌・新聞などの執筆活動の他、一般向け、高校生向け、保護者向けに「生産性を高める段取り術」「高校生の為のタイムマネジメント」「日常で使うコーチング的会話術」など講演会やセミナーも実施。

【著書】『「時間がない！」から抜け出すちょっとした方法』（大和出版）
『ひとり暮らし 最強の時間術』（ごきげん出版）
『コーチングのプロが教える「また話したい」と思ってもらえる会話術』（ごきげん出版）
『時間を「うまく使う人」と「追われる人」の習慣』（明日香出版社）
『「できる人」の時短仕事術』（PHP教材 通信教育）
◆Website　https://time-coaching.net/

〈図解〉時間を「うまく使う人」と「追われる人」の習慣

2025年3月15日 初版発行

著者　滝井いづみ
発行者　石野栄一
発売　明日香出版社
〒112-0005 東京都文京区水道 2-11-5
電話 03-5395-7650
https://www.asuka-g.co.jp
印刷・製本　シナノ印刷株式会社

ISBN 978-4-7569-2391-2